Ullstein Reiseführer

Holger Hoetzel

SKI USA

Die schönsten Skigebiete

Ullstein

Alle in diesem Buch enthaltenen Angaben wurden vom Autor nach bestem Wissen erstellt und von ihm und dem Verlag mit größtmöglicher Sorgfalt überprüft. Gleichwohl sind inhaltliche Fehler nicht vollständig auszuschließen. Daher erfolgen die Angaben ohne jegliche Verpflichtung oder Garantie des Verlages oder des Autors. Beide übernehmen keinerlei Verantwortung und Haftung für etwaige inhaltliche Unstimmigkeiten. Wir bitten um Verständnis und werden Korrekturhinweise gerne aufgreifen:

Verlag Ullstein GmbH, Brieffach 8030, 10888 Berlin.

Umschlaggestaltung: Hansbernd Lindemann
Foto: Claes Axstal/Superbild
Satz: LVD GmbH, Berlin
Druck und Verarbeitung: Ebner Ulm
Printed in Germany
ISBN 3-550-06833-6

Gedruckt auf alterungsbeständigem Papier
mit chlorfrei gebleichtem Zellstoff

Die Deutsche Bibliothek –
CIP-Einheitsaufnahme

Hoetzel, Holger:
Ski USA: die schönsten Skigebiete/
Holger Hoetzel. –
Frankfurt/M.; Berlin: Ullstein, 1993
(Ullstein-Reiseführer)
ISBN 3-550-06833-6

INHALT

Skifahren in Amerika

Skifahren in Amerika ist anders. Wer es einmal versucht hat, kommt immer wieder zurück. Gründe gibt es viele: die atemberaubende Landschaft, liebenswerte Goldgräberdörfer, die rauhen Cowboy-Bars und phantastischen Skiberge, erstklassige Restaurants, die Menschen und nicht zuletzt der Schnee, der in vielen Gebieten des Westens so leicht ist, daß die Einheimischen ihn »champagne powder« getauft haben. Es ist die Kombination all dieser Aspekte, die den Skiurlaub in Amerika zu einer einzigartigen Erfahrung macht. Und wer einmal einige der charmanten Skiorte kennengelernt hat, will nirgendwo anders mehr hin.

Beim Studium dieses Reiseführers mag es manchen Leser überraschen, daß selbst große Skiberge wie Vail, Squaw Valley oder Mammoth selten mehr als 20 Lifte haben. Ein legendärer Berg wie der Ajax in Aspen sogar nur neun. Im Vergleich mit den europäischen Mammutgebieten der französischen und Schweizer Alpen ist das nicht sehr viel. Doch Rückschlüsse auf die Vielfalt der Abfahrten sollte man nicht ziehen, denn ein Sessellift erschließt in den USA nicht selten zehn verschiedene Abfahrten unterschiedlicher Schwierigkeitsgrade. Und da in den meisten Skiorten die Bettenkapazität sehr viel geringer ist als die stündliche Kapazität der Lifte, sind Warteschlangen dort eine Seltenheit. Auch andere ungewöhnliche Methoden haben die Amerikaner ersonnen, um zu garantieren, daß Pisten und Liftanlagen nie überfüllt sind: So werden in Deer Valley/Utah zum Beispiel täglich nur 4 500 Liftkarten verkauft. Eine Selbstbeschränkung, die in Europa nicht denkbar wäre. In Taos/New Mexico werden gratis Getränke und Snacks serviert, sollte es tatsächlich einmal eine Schlange am Lift geben. Und in Squaw Valley bekommt man in diesem Fall sogar sein Geld zurück. Skiurlaub also, von dem man in den überfüllten Regionen Europas nur träumen kann. Die Preise für Tageskarten sind in den vergangenen Jahren natürlich auch in den USA gestiegen. Im Schnitt liegen sie bei etwa 40 Dollar, in Deer Valley etwas darüber, in einem Ort wie Alta/Utah darunter.

Doch es ist vor allem der leichte und beständige Pulverschnee in den Skigebieten der Rockies, der dem skibegeisterten Europäer nach mehreren schneearmen Skiwintern wie ein weißer Traum erscheinen muß. Besonders die Staaten Utah und Colorado haben in einer Saison mehr von dem weißen Gold als so mancher europäischer Skiort in zehn Wintern. Dennoch habe ich in den USA wenige Schneestürme erlebt, die einem tagelang die Flocken um die Nase blasen. Ganz im Gegenteil. Sonnenschein ist in den meisten Gebieten Utahs und Colorados die Regel.

Und sollte es doch einmal heftig schneien, sind auch solche Tage selten verloren, denn die Baumgrenze reicht bis auf 3 000 Meter hinauf. Infolgedessen fährt man selbst an Tagen, an denen es richtig schneit, nicht in eine große weiße Wand. Die Bäume am Rande der Pisten geben selbst im dichtesten Schneesturm sanfte Schatten, und wer sich traut, bahnt sich seinen Weg zwischen den Bäumen, die bestens vor kalten Winden schützen.

Die Pisten sind in den USA ein wenig anders klassifiziert als in Europa. Die roten sind hier blau, die blauen grün, und schwarze gibt's gleich zweimal. Ganz einfach: Grüne Schilder stehen für Anfängerpisten, blaue sind mittelschwer, der einfache schwarze Diamant bedeutet »schwer«, der doppelte schwarze Diamant heißt »nur für Experten«. Daran gewöhnt man sich schnell.

Echte Könner mag interessieren, daß die Gebiete im Westen der USA in den vergangenen Jahren zunehmend wirklich steiles und naturbelassenes Terrain erschließen. Beaver Creek, Breckenridge, Copper Mountain, Crested Butte, Keystone, Telluride sowie Heavenly und Squaw Valley haben Tausende von Hektar wilder Winterlandschaft freigegeben, die selbst sehr guten Skifahrern alles abverlangen. Einer der Gründe dafür ist der zunehmende Strom von Europäern, die das Skifahren abseits der manikürten Pisten schon immer geschätzt haben. Aber auch Amerikaner finden immer mehr Gefallen an dieser Variante ihres Sports. Die »Extreme Skiing Championships«

von Crested Butte mit ihren zahlreichen Teilnehmern sind ein deutlicher Indikator dafür.

Was uns Europäer unweigerlich verblüfft, ist die Tatsache, daß es auf den Pisten des Wilden Westens unheimlich zivilisiert zugeht. Niemand drängelt hier am Lift. Niemand latscht einem auf den Skienden herum. Die Lifte sind hier optimal organisiert. Sie haben zum Beispiel eine Schlange für Singles, damit die Sessel immer bestens ausgelastet sind und jeder Skifahrer jemanden zum Plaudern hat. Auch das Personal am Lift plaudert hier gern und ist immer zu einem Spaß aufgelegt. Fast alle Skigebiete haben sogenannte »Host«-Programme. Wer nicht gerne mit dem Plan durch die Gegend fährt, läßt sich von einem »Mountainhost« das Gebiet zeigen. »Hosts« sind meist junge »Skibums«, die von den Skiorten als Führer angeheuert werden und sich auf diese Weise ihre Jahreskarte verdienen. Den Urlauber kostet das keinen Penny.

Die Spezies der Pistensau wird man übrigens in Amerika selten antreffen. Das wiederum überrascht nicht, wenn man weiß, wie hart unkontrollierte Raser bestraft werden. Doch der wichtigste Grund für die entspannte Stimmung sind die Menschen hier, sie sind ganz einfach immer guter Dinge. Und das trifft auch auf das Servicepersonal der Restaurants und Hotels zu.

Was mich auf das Thema Trinkgeld bringt. Wer die USA schon einmal bereist hat, weiß, daß Tips zum Alltag gehören. In Skigebieten ist das nicht anders. Für viele der dort angestellten Menschen sind Trinkgelder die Haupteinnahmequelle, denn die Grundlöhne sind oft unvorstellbar gering. Deshalb gilt die Grundregel: 15 Prozent des Rechnungsbetrages sollte jede Bedienung als Trinkgeld bekommen. Bei einer Rechnung von 50 Dollar sind das 7,50 Dollar Trinkgeld – auch wenn das manchem viel erscheinen mag. Ist der Service außergewöhnlich gut, kann man auch mal 20 Prozent springen lassen, doch das bleibt jedem selbst überlassen.

Da so manche Bedienung mit Europäern, denen amerikanische Trinkgeldsitten nicht vertraut sind, schlechte Erfahrungen gemacht hat, wird bei Gästen, die offensichtlich keine Amerikaner sind, ein Tip von 15 Prozent häufig gleich auf den Betrag addiert. Also: Rechnung genau anschauen, sonst berappt man doppelt.

Natürlich hat dieser Skiführer keinen Anspruch auf Vollständigkeit. Unter den mehr als 1 000 großen und kleinen Skigebieten Amerikas habe ich diejenigen ausgesucht, die ich selbst kenne und die aufgrund ihrer Größe für einen Skitrip in die USA als Urlaubsort in Frage kommen. Dabei habe ich auf die großen Skiberge der Staaten Vermont, Maine, New Hampshire und New York verzichtet, weil ich sie trotz ihrer Größe und ihres Charmes als Reiseziel dem europäischen Skiurlauber nicht uneingeschränkt empfehlen kann. Zu unbeständig sind dort Wetter und Schnee. Und den legendären Pulverschnee der Rockies sucht man hier vergebens. Der Nordosten der USA ist bekannt für eisige Pisten, deren Unterlagen nur zu oft mit Hilfe der Schneemaschine entstanden sind.

Die Rocky Mountains sind für den begeisterten Skifahrer das Ziel aller Träume. Die Staaten Colorado, Utah, Wyoming, New Mexico und Idaho mit ihren klassischen Skibergen bieten Wintervergnügen in zahllosen Wintersportgebieten zwischen 1 500 und 4 000 Metern. Gute Kondition ist da dringend erforderlich, denn Skifahren auf 3 000 Metern Höhe ist hier nicht die Ausnahme, sondern die Regel.

Mit Aspen und Vail als Aushängeschild ist der Bundesstaat Colorado Amerikas prominentestes und populärstes Winterurlaubsziel. In der vergangenen Saison haben 22 Prozent aller Skifahrer in den USA ihren Urlaub in Colorado verbracht. Und etwa 70 Prozent der 110 000 internationalen Skiurlauber, die in jedem Jahr nach Amerika kommen, entscheiden sich für einen Wintersportort in Colorado.

Utah, weiter im Süden, ist weniger stark frequentiert, bietet aber, besonders in den Bergen von Alta und Snowbird, so ziemlich den besten Pulverschnee der Welt. Die strengen Alkoholgesetze in vielen Regionen des Mormonenstaats waren lange Zeit ein Grund dafür, daß Après-Ski-Experten Utah gemieden haben. Doch als Argument kann das heute nicht mehr gelten, denn in Utah hat sich im Laufe der vergangenen Jahre viel verändert.

Der rauhe Cowboy-Staat Wyoming mit den Weltklassebergen von Jackson Hole hat schon manchen zartbesaiteten Brettl-Fan erschreckt. Ski-Extremisten jedoch lieben die steilen Abfahrten und lassen sich einen Einstieg in Corbets Couloir im freien Fall nicht entgehen.

Idahos Sun Valley ist der Klassiker unter den Weltklasse-Skiorten Amerikas und obwohl (oder vielleicht gerade *weil*) er schwer zu erreichen ist, für viele Prominente, die das Rampenlicht scheuen, auch heute noch ein beliebtes Reiseziel.

Amerikas Westküste schließlich hat sich in den vergangenen Jahren zunehmend zu einem attraktiven Reiseziel für Skisportler entwickelt. Squaw Valley ist bereits seit dem olympischen Jahr 1960 weltweit bekannt. Die Riesengebiete von Mammoth Mountain, etwa sechs Autostunden von Los Angeles entfernt, und die Skiberge um den Lake Tahoe bieten ein Vielfalt an Pisten, die schwer zu übertreffen ist. Den legendären »Powder« der Rockies allerdings wird man hier nicht so häufig antreffen. Wegen des milderen Klimas ist der Schnee in Kalifornien oft schwerer als in Colorado und Utah. An besonders warmen Tagen wird daraus der berüchtigte »Sierra-Zement«.

Britisch-Kolumbien in Kanada hat mit Whistler und Blackcomb Mountain und den sensationellen 1 650 Metern Höhendifferenz zwei Rekordberge – nur 90 Minuten von Vancouver entfernt –, die Nordamerika neue Superlative erschließen.

An der Grenze von Britisch-Kolumbien und Alberta finden Tiefschneefreunde Traumgebirge, die nur von Heli-Ski-Veranstaltern erschlossen werden. Eine kostspielige Angelegenheit, die jedoch von keiner anderen Erfahrung übertroffen wird.

Wer einmal Winterurlaub im Westen der USA gemacht hat, weiß, was er in Europa sein Skifahrerleben lang vermißt hat. Denn nirgendwo ist das Liftpersonal hilfsbereiter, nirgendwo sind Kellner und Bedienungen freundlicher, sind die Pisten in so perfektem Zustand und die Skifahrer an den Liften zivilisierter als in den Wintersportgebieten der Rockies. Und Schnee? Davon gibt es hier so viel, daß man ihn in die Alpen exportieren könnte.

COLORADO

Aspen und Snowmass

Glamour, Stars, Lear-Jets und Millionen – alles wahr. Doch die ganze Wahrheit über Aspen ist das nicht – nicht einmal die halbe. Denn die »Crystal City of the Rockies« ist viel mehr als nur eine winterliche Spielwiese für die Schönen und Reichen Amerikas. Aspen ist – was man ob der vielen Stars leicht vergißt – auch ein Wintersportort erster Güte und – das mag manchen überraschen – für Urlauber mit kleinerem Budget ebenso erschwinglich wie für Leute mit dicken Brieftaschen.

Aspen Mountain oder auch »Ajax« heißt Amerikas liebster Skiberg, auf dem man im Winter Jack Nicholson, Cher, Michael Douglas, Kurt Russell, Ivana Trump, Martina Navratilova und andere US-Prominenz trifft, oft bis zur Unkenntlichkeit in bunte Skianzüge verpackt. Der »Ajax« ist eine Rocky-Mountain-Legende, und das zu Recht, denn man findet auf ihm alles, wovon ein Skifahrerherz so träumt.

Daß auf Aspens Hausberg nur sehr gute Skifahrer Spaß haben können – dieses Gerücht wird gerne verbreitet. Vermutlich von Skinarren, die den Ajax gerne für sich allein hätten. Doch eigentlich ist das ganz falsch. Wer sich auf einen Skitag einstimmen will, schwingt auf den narrensicheren Hängen am Gipfel. Wenn die Liftschlangen am Dipsy Doodle und Silver Bell gegen 11 Uhr länger werden, wechselt man zur Gentleman's Ridge, später an den 1&2 Leaf und den Cooper Cutoff. Alles Pisten, auf denen selbst Ängstliche glänzen können.

Natürlich bietet der »Ajax« auch das, worüber abends am offenen Kamin gerne Garn gesponnen wird: die schwarzen Pisten der Walshes, die extrem steilen Hänge in den Mine Dumps und am Bell Mountain. Was viele nicht wissen: Hier verstecken sich mehr als 600 Hektar unberührtes Gelände für Tiefschneefreaks, die Colorados berühmten extra trockenen Champagne-Powder kosten wollen. Die vielgerühmte Rückseite des Ajax ist das Domizil der Aspen Montain Powder Tours, die Ski-Experten mit der Schneekatze in dramatische Bergwelten transportieren. Die Schneekatzen sind nicht nur beheizt, son-

In nur zehn Minuten auf den Ajax –
Vierpersonengondel in Aspen.

dern auch mit Stereosound, zwei erfahrenen Führern und einer ganzen Menge Snacks bestückt. 200 Dollar kostet der Tagesausflug in diese surreal anmutende Winterwelt ohne Lärm, Menschen, Lifte und präparierte Hänge.

Snowmass heißt das zweite große Gebiet, etwa 15 Kilometer von Aspen entfernt, das mit derselben Liftkarte zu befahren ist. Das Skigebiet ist nach dem 3 700 Meter hohen Snowmass Mountain in der angrenzenden Maroon Bells-Snowmass Wildnis benannt und wurde im Jahr 1967 eröffnet. Es gibt Pläne, die Region in der nächsten Saison um einen weiteren Berg zu erweitern.

Ein Pendelbus, der Aspen mit Snowmass verbindet und auch in Tiehack/Buttermilk und Aspen Highlands haltmacht, bringt die Skifahrer kostenlos in maximal 20 Minuten ans Ziel. Snowmass ist ein familienfreundliches Gebiet und mit vielen weiten, mittelschweren Pisten ideal für schnelle Giant-Slalom (GS)-Abfahrten. Big Burn ist eine fast 1,5 Kilometer weite und mehr als zwei Kilometer lange Piste, wunderbar zum Aufwärmen geeignet. Wer's ein bißchen steiler mag, fährt am High Alpine oder zum Campground.

Das Expertenterrain von Snowmass – und das vergessen viele leicht – ist erste Klasse. Die Hanging Valley Glades und die Hanging Valley Walls am Gipfel des Baldy Mountain sind mit ihren bis zu 45 Grad steilen Schluchten und bis zu 30 Meter hohen Klippen die ideale Spielwiese für Ski-Extremisten. Und wer zwischen Sheer Bliss und High Alpine Lift in die Cirque fährt, dem ist reichlich Adrenalin garantiert. Übrigens sind auch Snowboarder in Snowmass willkommen – am Aspen Mountain sind die breiten Boards verboten.

Was Snowmass fehlt und was Skiurlauber in Aspen im Überfluß finden, ist die Atmosphäre des amerikanischen Westens. Denn Aspen ist eine alte Silberminenstadt mit einer für Wildwestverhältnisse langen Geschichte. Vor über einem Jahrhundert zähmten Silberschürfer die Wildnis im oberen Tal des Roaring Fork River und fanden in diesem von den Ute-Indianern bevorzugten Jagdgebiet die reichsten Silberadern der Welt. Die Männer kamen aus Leadville, der damals zweitgrößten Stadt von Colorado, und überquerten den 4 300 Meter hohen Paß in Schneeschuhen. 13 hartgesottene Burschen hielten dem rauhen Winter des Jahres 1879 stand, um ihre Claims zu schützen.

Bis zum Jahr 1890 waren Tausende von Silberschürfern nach Aspen gekommen, um hier ihr Glück zu machen. Die Minen von Aspen produzierten Silber für fast eine Viertelmilliarde Dollar und unter anderem auch den

Das Super-Wildwest-Erlebnis für Kinder: der Lernberg Buttermilk im Skigebiet von Aspen.

größten Silbernugget, der je gefunden wurde. Er wog über eine Tonne und hatte einen Reinheitsgehalt von 93 Prozent.

Schon von Anfang an war Aspen anders als die zahllosen Schürfer-Camps, die im gesamten Westen der USA wie Pilze aus dem Boden schossen. Die Bewohner von Aspen richteten sich gleich zu Beginn auf Dauer ein.

Zeugen sind die hübschen Beispiele viktorianischer Eleganz, wie das Wheeler Opernhaus und das Hotel Jerome.

Ganz umsonst bekommt der Besucher von Aspen/Snowmass auch noch zwei weitere Skigebiete mitgeliefert, die in unmittelbarer Nähe von Aspen liegen und einen Abstecher wert sind. (Hotels oder Wohnungen gibt es hier nicht.) Aspen Highlands gehört zwar nicht zur Aspen Skiing Company. Eine Wochenkarte, die in Aspen oder Snowmass gekauft wurde, gilt jedoch auch hier. Die Lifte in Aspen Highlands sind alt und langsam – man braucht mehr als eine halbe Stunde, um auf den Gipfel zu kommen –, das Gelände ist dafür so vielfältig wie in keinem der anderen Gebiete und sei besonders Fortgeschrittenen und Experten empfohlen. Die 1 101 Meter Höhendifferenz zwischen Tal- und Bergstation sind beachtlich und ein Rekord in Colorado.

Tiehack/Buttermilk ist der Anfänger- und Kinderberg des Skigebietes Aspen/Snowmass. Nirgendwo wird so viel Akribie und Zeit darauf verwendet, die Pisten perfekt zu präparieren. Amerikanische Skizeitschriften haben Tiehack/Buttermilk mehr als einmal zum besten Lernberg Amerikas gekürt.

»Fort Frog«, das neue Lern- und Videozentrum für Kinder, liegt direkt am Berg und hat den authentischen Look eines alten Forts mit Aussichtstürmen, Pferdewagen, Gefängnis, Saloon und einem Indianerzelt. Kinder lernen hier nicht nur Skifahren, sondern erleben auch die Zeit der Goldgräber.

Wem diese Auswahl nicht genug ist, für den hat Aspen den Premier-Liftpaß parat. Eine gemeinsame Aktion mit dem Skigebiet Vail, das etwa zwei Autostunden entfernt liegt. Der Skipaß, der in der Saison 92/93 zum ersten Mal angeboten wurde, erschließt mehr Skilauf als jeder andere Paß in den USA und kostet 40 Dollar (etwa 57 Mark) pro Tag, der Transfer zwischen Aspen und Vail ist darin enthalten. Die Fahrt zwischen den beiden Wintersportorten ist übrigens traumhaft schön und zeigt die spektakulärsten Landschaften Colorados, unter anderem eine 15 Meilen lange Strecke durch den Glenwood Canyon und am Colorado River entlang.

ASPEN – FAKTEN

Gipfel	3 419 Meter
Talstation	2 423 Meter
Höhenmeter	996 Meter
Längste Abfahrt	4 800 Meter
Schneefall	762 Zentimeter
Lifte	7 Sessellifte, 1 Gondelbahn
Schwierigkeitsgrad der Pisten	35 % mittelschwer 35 % für Fortgeschrittene 30 % für Experten
Gesamtfläche der Pisten	250 Hektar
Skisaison	Ende November – Ende April
Adresse	Aspen Mountain Box 1248 Aspen, CO 81612 Tel.: (303) 925-1220

UNTERBRINGUNG

Ganz im Gegensatz zum supernoblen Image von Aspen bietet dieser Skiort nicht nur teure, sondern auch sehr günstige Übernachtungsmöglichkeiten. Tatsächlich ist die Anzahl der Spitzenhotels sehr klein und die der Lodges und Inns recht groß. Die Apartments, sogenannte Condominiums, sind in Aspen fast durchweg älteren Datums, jedoch überwiegend in gutem Zustand. Wer auf neueste Ausstattung Wert legt, sucht sich besser ein Condo in Snowmass.

In der teuren Luxusklasse muß man zwischen 190 und 600 Dollar pro Nacht für ein Doppelzimmer rechnen, Komfort-Hotels mit gutem Standard kosten zwischen 75 und 185 Dollar. Alles, was unter 75 Dollar pro Nacht und Doppelzimmer kostet, befindet sich in der Kategorie der billigen Lodges und Inns.

Hotels und Wohnungen der Luxusklasse

Das **Hotel Jerome** an der 330 East Main Street ist ein Hotelklassiker, der 1986 zu seiner vollen viktorianischen Schönheit restauriert wurde. Die Restaurants des Hauses, der Service und das Ambiente sind Spitzenklasse. Das Jerome liegt zentral. Wer dennoch die wenigen Blocks zur Gondel nicht laufen will, wird mit dem hauseigenen Bus gefahren. Preise in der Hochsaison zwischen 320 und 549 Dollar fürs Doppelzimmer.
330 East Main Street. Tel.: (303) 920-1000

Das **Ritz Carlton Aspen** wurde nach langwierigen Streitereien, Neuplanungen und Baustopps in der Saison 92/93 eröffnet. Erstklassige Räume und Suiten mit Traumblick auf den Ajax. Das Hotel hat einen Fitneßclub mit vollem Bäderservice und Schönheitssalon. Im Terrace Restaurant, dem Dining Room, der Bar und der Lobby Lounge werden Gerichte der verschiedensten Küchen serviert. Außerdem stehen über 1 800 Quadratmeter Tagungsräume zur Verfügung.
450 South Galena Street, Aspen CO 81611.
Tel.: (303) 920-3434

Das **Little Nell Hotel** ist der Liebling der Hollywood-Prominenz, sofern sie kein eigenes Haus in Aspen besitzt. Über Weihnachten und Neujahr ist das Little Nell mit seinen 92 Räumen und Suiten oft um Jahre ausgebucht. Direkt an der Talstation gelegen, mit Blick auf das Après-Ski-Treiben bei Shlomo's. Erstklassiger Service, geschmackvolle Räume mit offenen Kaminen, die zwischen 300 und 1 600 Dollar für ein Doppelzimmer pro Nacht kosten.
Tel.: (303) 920-4600

Das **Gant** ist ein Apartmentkomplex mit Zwei- bis Fünf-Zimmer-Wohnungen. Zwei beheizte Pools, Sauna, Jacuzzi und beheizte Tennisplätze sind im Mietpreis inbegriffen.
610 West End Avenue. Tel.: (303) 925-5000

Molly Gibson Lodge: Zwei- und Drei-Zimmer-Wohnungen mit Terrassen. Einige der Wohnungen haben Kochnischen, offene Kamine und Jacuzzis.
101 West Main Street. Tel.: (303) 925-3434

Mountain Queen Condos liegen direkt an der Piste. Alle Apartments haben ein Wohn- und vier Schlafzimmer.
800 South Monarch, Aspen CO 81611.
Tel.: (303) 925-6366

Der **Aspen Club**, 709 East Durant, Aspen, CO 81611. Tel.: (303) 925-6760 und das **Clarendon**, 625 South West End. Tel.: (303) 920-2000 sind zwei Apartmentgebäude der Luxusklasse. Eine Wohnung mit zwei Schlafzimmern und zwei Bädern kostet während der Saison zwischen 162 und 448 Dollar.

Hotels der mittleren Preisklasse

Aspen Manor Lodge: kleine, moderne Lodge in der Nähe der Lifte, mit Sauna, Whirlpool und beheiztem Swimmingpool.
411 South Monarch Street. Tel.: (303) 925-3001

Innsbruck Inn: hübsches, alpenländisch anmutendes Inn, mit beheiztem Schwimmbad, Whirlpool, Sauna, Frühstücksbüfett.
233 West Main Street. Tel.: (303) 925-2980

St. Moritz Lodge: Gästehaus mit europäischem Flair, Apartments, Zimmer mit Bad sowie preiswertere Zimmer mit Bad auf dem Flur, offener Kamin in der Lobby, Lese- und Fernsehraum, beheizter Pool, Sauna, Jacuzzi.
334 Hyman Avenue. Tel.: (303) 925-3220

Skier's Chalet: direkt hinter dem 1A-Lift unweit des Welt-Cup-Zieleinlaufes. Hat einen beheizten Pool und ein Restaurant im Haus.
233 Gilbert Street. Tel.: (303) 920-2037

Günstige Unterkünfte

Little Red Ski House: hübsches, neu renoviertes viktorianisches Haus. Einzel-, Doppel- und Vierbettzimmer. 118 East Cooper Street. Tel.: (303) 925-3333

Snow Queen Lodge: kleines, gemütliches Bed & Breakfast mit Jacuzzi im Freien.
124 East Cooper Street. Tel.: (303) 925-8455

Empfehlenswert in der Kategorie der günstigen Unterkünfte sind auch: das **Christmas Inn**, 232 West Main, Aspen, CO 81611. Tel.: (303) 925-3822, die **Tyrolean Lodge**, 200 West Main, Aspen, CO 81611. Tel.: (303) 925-4595 und die **Ullr Lodge**, 520 West Main, Aspen, CO 81611. Tel.: (303) 925-7696.

Wer richtig billig wohnen will und nichts gegen spartanische Zimmer hat, dem sei **T-Lazy-7**empfohlen: 3129 Maroon Creek Road, Aspen, CO 81611. Tel.: (303) 925-7254 – eine echte Ranch, die ein wenig außerhalb der Stadt liegt. Für Familien mit Kindern ein richtiges Abenteuer. Ein regelmäßiger Pendelbusverkehr verbindet die Ranch mit Aspen und den Skigebieten Aspen Mountain, Snowmass, Tiehack/Buttermilk sowie Aspen Highlands.

RESTAURANTS

Vom zünftigen Hamburger über Sushi, Pizza und Pasta bis zu Gourmettempeln für Urlauber mit der dicken Brieftasche – in Aspen gibt es alles, was sich ein menschlicher Gaumen nur wünschen kann (bei mehr als 80 Restaurants kein Wunder). Gutes Essen findet man in allen Kategorien – nicht nur in noblen Feinschmeckerlokalen. Die Preise der meisten Restaurants sind vergleichbar mit denen der Metropolen New York und San Francisco. Doch man kann in Aspen auch richtig billig essen.

Allein schon der Atmosphäre wegen sollte sich niemand das Bier und die Zwiebelringe in der **Red Onion** entgehen lassen. Auch ein Abendessen bei **Little Annie's** ist Pflicht. Den Hamburger ißt man am besten in der klassischen **Woody Creek Tavern**, einem Wildwest-Hangout in Woody Creek, außerhalb der Stadt. Kult- und Drogen-Schreiber Hunter S. Thompson düst mit seinem Cadillac täglich den schmalen Bergweg von seinem Haus hinunter zur Woody Creek Tavern, um hier Mittag zu essen.

Das Mittagessen und der Snack am Berg gehören in Aspen zum Pflichtprogramm. Bei **Bonnie's** oberhalb Lift 3 am Aspen Mountain ißt man erstklassige Gourmetpizzas und kann eine ganze Menge Prominente sehen. Goldie Hawn, Kurt Russell, Martina Navratilova und Jack Nicholson sonnen sich hier auf der Terrasse zur Mittagszeit genauso wie die hübschen Schneehasen, die im Frühjahr aus den ganzen USA nach Aspen kommen. Wer Warteschlangen vermeiden will, kommt vor 12 oder nach zwei.

Frühstück

Wienerstube: unbedingt die Heidelbeercrèpes mit Vanillesoße und die Eggs Benedict versuchen.
633 East Hyman Avenue. Tel.: (303) 925-3357

Pour La France: Croissants, Waffeln, Quiche und Kaffee in chromglänzender Atmosphäre.
413 East Main Street. Tel.: (303) 920-1151

Main Street Bakery: frischgebackene Brötchen, Früchte, French Toast und andere Frühstücksschleckereien.
201 East Main. Tel.: (303) 925-6446

Racine's Home Plate: für hungrige Mägen, die zum Frühstück bereits Bratkartoffeln, Eier und Speck vertragen.
333 East Durant Street im Mountain Chalet.
Tel.: (303) 925-1986.

Shlomo's: Institution an der Talstation im »neuen« Little Nell. Die legendären H-&-H-Bagels aus New York werden hier täglich frisch eingeflogen. Wen Shlomo selbst einmal unter seine Fittiche genommen hat, gehört zur Familie.

Pistenlunch

Bonnie's: exotische Pizza aus dem Holzkohleofen und warmer Apfelstrudel mit Eiscreme, dazu ein heißer, mit Zimt gewürzter Apfelsaft (Hot Cider), die Kalorien lassen sich ja später leicht verbrennen. Bonnie's ist *der* Treff zur Mittagszeit, das Sonnendeck der ideale Ort zum Schauen und Gesehenwerden.

Ruthie's: Cafeteria und Restaurant (Darcy's) oberhalb von Lift 1A. Bei **Darcy's** unbedingt die Zwiebelsuppe und die gegrillte Forelle probieren. Reservierungen empfehlenswert.
Tel.: (303) 920-0728

Abendessen

Farfalla: norditalienische Spezialitäten, Gourmetpizza als Vorspeise, erstklassige Pasta etc. Neuer In-Treff. Das Publikum ist eine Mischung aus Schickeria und Einheimischen. Reservierung empfiehlt sich.
415 Main Street. Tel.: (303) 925-8222

Takah Sushi: die besten Sushi zwischen New York und Los Angeles!
420 East Hyman Avenue. Tel.: (303) 925-8588

Piñons: amerikanische Küche der Spitzenklasse. Das Restaurant ist im klassischen Santa-Fe-Stil eingerichtet. Unbedingt den Lobsterstrudel als Vorspeise und als Hauptgericht die Elchlende mit rosa Pfeffersoße und Ingwer probieren. Wer an Thanksgiving (4. Donnerstag im November) in Aspen sein sollte, dem sei die Piñon-Variation des traditionellen gefüllten Truthahns empfohlen. Kein

Lokal, in dem man Geld sparen kann, aber jeden Dollar wert.
105 South Mill Street. Tel.: (303) 920-2021

Syzygy: Ohne Reservierung hat man in diesem Spitzenrestaurant keine Chance. Die Küche bietet eine kreative Mischung aus französischen, italienischen und orientalischen Einflüssen, dazu ein gehöriger Schuß amerikanischer Südwesten. Viele Stars. Inklusive Wein, Cocktails, Espresso und Trinkgeld muß man für ein 3-Gänge-Menü für zwei Personen gut 200 Dollar rechnen.
520 East Hyman Avenue. Tel.: (303) 925-3700

Pepi's Hideout: europäische Spezialitäten mit Schweizer Einschlag. Elegante, aber gemütliche Atmosphäre, Bar mit offenem Kamin. Reservierung empfehlenswert.
130 West Cooper Street in der Fireside Lodge.
Tel.: (303) 925-8845

La Cocina: Wer mexikanisches Essen liebt, für den ist La Cocina Pflicht. Die Preise sind zivil. Sehr populär bei den Einheimischen. Unbedingt die Tortilla aus blauem Mais probieren.
308 East Hopkins Avenue. Tel.: (303) 925-9714

Little Annie's: deftige US-Küche. Gegrilltes, Geschmortes und Gebratenes in großen Portionen, ausgesprochen preisgünstig, in superlockerer Atmosphäre. Viele Einheimische.
517 East Hyman Avenue. Tel.: (303) 925-1098

Smuggler Land Office: scharfe Cajun- und Kreolen-Küche der amerikanischen Südstaaten. Cajun Popcorn (gegrillte Shrimps) mit Remoulade versuchen.
415 East Hopkins Avenue. Tel.: (303) 925-8624

Cache Cache: südfranzösische Küche, zahlreiche Fischgerichte. Viele Einheimische. Der gegrillte Lachs und der gegrillte Thunfisch sind erstklassig.
205 South Mill Street. Tel.: (303) 925-3835

The Steak Pit: zweifellos die besten Steaks in Aspen. Ecke Cooper Avenue und Original Street. Tel.: (303) 925-3459

Skier's Chalet Steak House: eine Institution in Aspen, an der Talstation des A1- Liftes. Nicht teuer, ordentliche Portionen. Das Filet Mignon ist ein Aspen-Klassiker. 710 South Aspen Street. Tel.: (303) 925-3381

APRÈS-SKI UND NIGHTLIFE

Nicht umsonst gilt Aspen als das amerikanische St. Moritz. Für viele sportlich wenig Ambitionierte beginnt Après-Ski schon nach dem Mittagessen. Spätestens nach dem Nachmittagsshopping, wenn neue teure Skianzüge und kratzerfreie Skier an der Talstation auf- und abgetragen werden. Wenn die warmen Strahlen der späten Mittagssonne auf Aspen brennen, ist es Zeit für ein Bier auf der Terrasse bei **Shlomo's** (im Little Nell Hotel), denn hier müssen alle vorbei, die ihre Ski abschnallen. Ein bunter Zirkus erwartet die Mutigen, die sich ins Getümmel stürzen. Rock 'n' Roll plärrt aus den Lautsprechern, futuristische Sonnenbrillen schauen suchend nach gebräunten Dekolletés, coole Jungs prahlen von ihren letzten Buckelpisten-Abenteuern, und perfekt gestylte LA-Miezen halten Ausschau nach sonnengebräunten Männern, die sich – hopefully – als Millionäre oder einflußreiche Hollywood-Mogule entpuppen. Hier entscheidet sich früh, wer mit wem den Abend verbringt. Für Zeitgenossen mit starkem Selbstwertgefühl ein Trip. Für empfindliche Seelchen ein Ritt in die Hölle (der sich jedoch, finde ich, dennoch lohnt, es gibt einfach zu viel zu gucken).

Wer's entspannter, aber nicht weniger hochprozentig mag, geht ins **Cooper Street Pier** (508 East Cooper), die **Red Onion** (420 East Copper) oder zu **O'Learys's** (521 East Hyman) – auch die Bar des **Hotel Jerome** (330 East Main) ist zur Happy Hour immer einen Besuch wert.

Wer sich für eine Nacht schon früh in die richtige

Startposition bringen will, geht zum Abendessen zu **Mezzaluna** (600 East Cooper Street), wo bei guter norditalienischer Küche, inklusive Holzofenpizza, der neueste Klatsch verbreitet wird. Jack Nicholson steht hier gern an der hufeisenförmigen Bar, und auch an den Tischen findet man eine Menge bekannte und weniger bekannte Gesichter.

Auch das **Tatou** (419 East Hyman Street), ein Ableger des gleichnamigen New Yorker Clubs und Restaurants, eignet sich für einen frühen Start in die Nacht. Das Prix-Fixe-Dinner, das dort zwischen 18 Uhr und 19.30 Uhr angeboten wird, kostet knapp 30 Dollar. Live-Musik beginnt um 19 Uhr, meist spielt eine Jazz- oder Bluesband. Gegen 22 Uhr verwandelt sich das Tatou in den heißesten Club Aspens, in den man auch ohne Mitgliedskarte rein darf.

Abgetanzt wird außerdem im **Tippler** (rechts der Lifte, 535 East Dean), wohin sich die Jüngeren verziehen und wo es gegen Mitternacht ziemlich wild hergeht. Das letzte Bier vor dem Abflug ins Bett trinkt man in der **Mother Lode** (314 East Hyman) oder bei **Shooter's** (220 South Galena), einer dunklen Country-&- Western-Bar, die auch ein prima Hangout für die Abende ist, an denen man Aspens Glitter nicht ertragen kann.

SNOWMASS – FAKTEN

Gipfel	3 610 Meter
Talstation	2 507 Meter
Höhenmeter	1 102 Meter
Längste Abfahrt	6 700 Meter
Schneefall	762 Zentimeter
Lifte	14 Sessellifte, 2 Schlepper
Schwierigkeitsgrad der Pisten	8 % für Anfänger 52 % mittelschwer 19 % für Fortgeschrittene 21 % für Experten
Gesamtfläche der Pisten	841,2 Hektar
Skisaison	Ende November – Ende April

UNTERBRINGUNG

Wie Keystone oder Copper Mountain ist Snowmass ein Skiort, der als Feriendorf konzipiert und gebaut wurde. Fast alle Hotels und Apartments in Snowmass sind von der Piste mit wenigen Schritten zu erreichen. Die »Village-Mall« direkt an den Liften ist eine riesige Ansammlung von Geschäften, Restaurants und Bars. Alles sehr praktisch und funktionell. Die Wildwest-Atmosphäre eines alten Goldgräberdorfes findet man hier jedoch nicht. Auch sind die Preise für Übernachtungen in Snowmass höher als in Aspen. Eine Wohnung oder ein Doppelzimmer unter 100 Dollar findet man hier praktisch nicht.

Hotels und Wohnungen der Luxusklasse

Die Anzahl der Hotels in Snowmass ist sehr begrenzt. Die Mehrheit der Skiurlauber kommt wegen der schönen und neuen Apartments hierher. Hier eine kleine Auswahl:

Snowmass Lodge and Club: im Brush Creek Valley, etwa fünf Kilometer vom Zentrum entfernt. Die Anlage ist umgeben von den besten Langlaufloipen des Landes mit mehr als 30 km Loipen, und alle Zimmer haben einen Ausblick auf den 3 300 Meter hohen Mount Daly. Die American Automobile Association hat die Hotelanlage für ihre beständige Qualität mit vier Diamanten ausgezeichnet. Das Fitneßcenter gehört zu den besten in Aspen/Snowmass und bietet nicht nur Hallentennis, Squash, Racquetball, Gewichts- und Ausdauertrainingsräume, sondern auch ein Hallenbad. Ein Minibus pendelt zur Liftstation in Snowmass.
Snowmass Circle. Tel.: (303) 923-5600

Woodrun V: Super-Luxus-Apartments, geräumig und geschmackvoll eingerichtet. Privater Jacuzzi. Eine Wohnung mit zwei Schlafzimmern für vier Personen kostet zwischen 520 und 620 Dollar pro Nacht.
0425 Wood Road. Tel.: (303) 923-4000

Silvertree: nobel eingerichtete Apartments. Preis für eine Wohnung mit einem Schlafzimmer (zwei Personen): zwischen 280 und 355 Dollar.
Snowmass Accomodations. Tel. (303) 923-2010

Hotels und Wohnungen der mittleren Preisklasse

Stonebridge Inn: im Zentrum von Snowmass. Wohnungen mit Aufenthaltsraum und zwei Schlafzimmern (für vier Personen) kosten zwischen 350 und 390 Dollar. Restaurant im Haus.
Tel.: (303) 923-2420

Timberline: Wohnungen mit rustikaler Westernatmosphäre. Wohnungen mit drei Schlafzimmern (für sechs Personen) kosten zwischen 420 und 450 Dollar pro Tag. Liegt fünf Minuten vom Zentrum entfernt.
Tel.: (303) 923-4000

RESTAURANTS

Die urigen Lokale von Aspen hat das Feriendorf Snowmass nicht zu bieten. Dafür ist die Anzahl der wirklich phänomenalen Gourmetrestaurants hier jedoch enorm groß. **Kramblooník** oder **Chez Grandmère** bieten Feinschmeckerküche, wie man sie in den USA selten findet.

Frühstück

Pour La France: Croissants, Waffeln, Quiche und Kaffee in chromglänzender Atmosphäre.
0016 Kearns Road. Tel.: (303) 925-5170

S'No Beach Cafe: prima Omelettes, Salate, Quiches und Sandwiches.
45 Village Mall. Tel.: (303) 923-2597

Hite's: Super-Frühstück, alles frisch, nicht ganz billig.
In der Village Mall. Tel.: (303) 923-2748

The Timber Mill: gute Frühstückscafeteria
105 Village Square. Tel.: (303) 923-4774

Pistenlunch

Sam's Knob: Cafeteria mit gutem Restaurant im Obergeschoß.

Ullrhof: typische Skifahrerkost an der Talstation des Big Burn.

Gwyn's High Alpine: Mittagessen vom Büfett sowie ein hübsches und gutes Restaurant, in dem ohne Reservierung in der Mittagszeit nichts zu machen ist. Gwyn's ist auch prima geeignet für ein ruhiges Frühstück, bevor man sich in die Kälte stürzt.
An der Bergstation von Lift 8. Tel.: (303) 923-5188

Abendessen

Kramblonik: für Gourmets, die es rustikal lieben. Zahlreiche Wildspezialitäten. Das Restaurant befindet sich in einem Blockhaus, die Atmosphäre ist familiär. Angrenzend liegen die Kramblonik Kennels, ein Huskie-Zwinger mit 13 Schlittenhunden, die man samt Schlitten und Führer mieten kann. Reservierung erforderlich.
At the Dog Kennels. Tel.: (303) 923-3953

Chez Grandmère: feines Restaurant, viktorianische Atmosphäre. Das Lokal hat sieben Tische, die nur einmal pro Nacht vergeben werden. Das Fünf-Gänge-Menü kostet um die 50 Dollar, Trinkgeld und Wein nicht eingerechnet. Reservierung erforderlich.
0016 Kearns Road. Tel.: (303) 923-2570

La Boheme: Chefkoch und Besitzer Maurice Coutourier hat früher für den König von Jordanien gekocht. Feine französische Küche.
Village Mall. Tel.: (303) 923-6804

Stew Pot: klasse Eintöpfe, Suppen, selbstgebackenes Brot und Sandwiche. Billig und wirklich gut.
15 Village Mall. Tel.: (303) 923-2263

La Pinata: mexikanische Küche zu reellen Preisen. Unbedingt die Margaritas versuchen und eine Runde Dart spielen.
65 Daly La. Tel.: (303) 923-2153

The Tower: Pasta, Steaks und Fisch. Ordentliche Portionen. Faire Preise.
In der Mall. Tel.: (303) 923-4650

APRÈS-SKI UND NIGHTLIFE

Im Vergleich zu Aspen ist Snowmass ein verschlafenes Nest. Nachdem der letzte Lift abgestellt ist, trifft man sich auf einen Drink in der **Timber Mill** oder im **Brothers Grill**, wo es fünf verschiedene Sorten Bier vom Faß gibt. In beiden Treffs spielt eine Live-Band, die Qualität schwankt. Die **Timber Mill** ist meistens voller und das Klima ein wenig rauher. Später am Abend empfiehlt sich die **Tower Magic Bar** mit ihrer überraschenden Zaubershow und **Cowboys** im Silvertree Hotel, wo allabendlich Country Swing zu einer Live-Country-&-Western-Band getanzt wird. Ach ja: Wem Snowmass abends zu langweilig sein sollte, der hat es nicht weit nach Aspen. Der Bus pendelt regelmäßig (es gibt zahlreiche Stationen im ganzen Ort), und die Fahrt dauert nur 20 Minuten.

Wie in allen anderen Skigebieten Amerikas wird auch in Aspen Sicherheit großgeschrieben.

TIEHACK/BUTTERMILK – FAKTEN

Gipfel	3 029 Meter
Talstation	2 408 Meter
Höhenmeter	621 Meter
Längste Abfahrt	4 800 Meter
Lifte	6 Sessellifte
Schwierigkeitsgrad der Pisten	Anfänger und mittelschwer
Skisaison	Ende November – Ende April

ASPEN HIGHLANDS – FAKTEN

Gipfel	3 610 Meter
Talstation	2 448 Meter
Höhenmeter	1 101 Meter
Längste Abfahrt	5 600 Meter
Lifte	9 Sessellifte
Schwierigkeitsgrad der Pisten	23 % für Anfänger 48 % mittelschwer 15 % für Fortgeschrittene 14 % für Experten
Skisaison	Ende November – Ende April

WIE MAN IN DIE SKIGEBIETE VON ASPEN KOMMT

Während der Hochsaison haben Skiurlauber die Wahl von täglich bis zu 60 Flügen zwischen Denver und Aspen, angeboten von den Fluggesellschaften Continental und United-Express. Von Mitte Dezember bis in den April gibt es täglich außerdem preiswerte United-Express-Non-Stop-Flüge von Chicago O'Hare und vom Los Angeles International Airport sowie vier Flüge pro Woche von Dallas/Fort Worth. Aspens Flughafen liegt nur fünf Minuten vom Zentrum und 15 Minuten von Snowmass Village entfernt.

Crested Butte

Wer in Crested Butte die Schickis von Aspen und Vail sucht, wird sie nicht finden. Wie kein anderer Skiort hat sich Crested Butte im Südwesten Colorados in den vergangenen Jahren darum bemüht, sein rauhes Wildwest-Image zu bewahren. Ein Urlaubsort, der das Rauhbein Bill Johnson, Abfahrts-Olympiasieger von 1984, als Repräsentanten anheuert, spielt nicht mit falschem Charme.

In den 60er Jahren von zivilisationsflüchtigen Hippies wiederentdeckt, ist die alte Silberminenstadt heute ein Skiort der Spitzenklasse, der sich mit allen Mitteln gegen die »Aspenisierung« wehrt. Bislang mit Erfolg. Weder existiert bis dato ein Flughafen (der nächste liegt in Gunnison – etwa 50 Kilometer entfernt), noch bieten die Fluglinien von Los Angeles aus eine direkte Verbindung an. Und so gibt es auch den Glitter und Glamour von Aspen in diesem abgeschiedenen Wintersportort nicht. Autogrammjäger sind in Crested Butte falsch. Wer Glitzer-Prominenz in teuren Skianzügen sehen will, wird wenig Glück haben, denn die wenigen Stars (Michael Keaton, Steve Winwood, Reba McIntire, der ehemalige US-Präsident Jimmy Carter), die nach Crested Butte kommen, erkennt man in ihren eher unscheinbaren Skianzügen eh nicht, und das ist durchaus Absicht.

Das renitente Image kann jedoch nicht darüber hinwegtäuschen, daß in Crested Butte, dessen Ortskern seit 1974 unter Denkmalschutz steht, in den vergangenen zehn Jahren der Luxus Einzug gehalten hat. Heute gibt es hier, versteckt in den bunten, akribisch restaurierten Lebkuchenhäusern, mehr Feinschmeckerlokale pro Kopf der Bevölkerung als irgendwo sonst im Westen.

Ein Spaziergang entlang der Hauptstraße, die erst vor zwölf Jahren geteert wurde, ist auch heute noch ein Trip in die Vergangenheit, obwohl die obligatorischen T-Shirt-Shops auch vor Crested Butte nicht haltgemacht haben. Doch Neubauten gibt es im alten Stadtkern keine. Um die Seele und die Schönheit des alten Silberdorfes

Adrenalinschub für Abenteuerlustige: die Extreme Limits in Crested Butte.

nicht zu zerstören, wurden die Bettenburgen 4,8 Kilometer weiter an die Talstation des Skigebietes gebaut.

Wer in Crested Butte wohnt und im Pendelbus ins Skigebiet nach Mount Crested Butte fährt, hört morgens schon aus dem Radio pfiffige Country-Klänge oder vielleicht auch ein Stück von Grateful Dead oder Janis Joplin.

Exklusiver Winterzeitvertreib: per Hundeschlitten durch die Einsamkeit Südwest-Colorados.

So ist Crested Butte ganz sicher ein Skiort, der jüngeren Skiläufern besser gefallen wird, die nicht den polierten Luxus von Deer Valley oder Aspen suchen. Das hängt sicherlich auch damit zusammen, daß der mit Schneemassen gesegnete Ort gerne mit seinem besonders schwierigen Gelände prahlt, das jüngere Skifahrer aus allen

Teilen des Landes anzieht. Für Ski-Extremisten ist das Gebiet eine geradezu ideale Spielwiese.

»Extreme Limits« heißen die 220 Hektar wildes Gelände, in dem Weltcup-Abfahrer Bill Johnson zu Hause ist und in dem jedes Jahr die amerikanischen Meisterschaften im Extrem-Skifahren stattfinden. Den Namen hat dieses atemberaubende Gebiet zu Recht. Denn wo in den USA eine typische schwarze Piste ein Gefälle von 20 bis 30 Grad hat, gelten auf diesem 220-Hektar-Terrain andere Maßstäbe. Durchschnittliche Abfahrten, die hier alle mit dem doppelten schwarzen Diamanten ausgezeichnet sind, haben immerhin 39 bis 44 Grad Gefälle. Eine Abfahrt vom Powder Rock Glade fühlt sich da schon mal an wie ein Bungeejump ohne Gummiseil.

Das wirklich Spektakuläre an den Extreme Limits ist jedoch ihre absolute Abgeschiedenheit. Pistenraupen dringen in diese Region des Berges nicht vor, und so gibt es hier nicht eine manikürte Piste. Angesichts der einsamen Hänge beschleicht einen da immer wieder ein Gefühl von Abenteuer. Denn Liftmasten kann man hier nirgendwo sehen, und stark frequentiert ist dieser Teil des Berges auch nicht. Adrenalintreibende Ausblicke in eine Wildnis, deren Schönheit einem die Sprache verschlägt – wenn Steilhänge und die dünne Luft dafür nicht schon gesorgt haben –, kann man hier ständig erleben.

Die richtig angsteinflößenden Abfahrten erreicht man mit dem North Face Lift – ein Schlepper, der geradewegs ins North Face, den Phoenix Bowl, Third Bowl und die Glades führt. Der High Lift führt nach rechts in die Headwall, den Paradise Bowl und die Abfahrten um die berüchtigte Banana. Glücklicherweise bietet die Ski Patrol von Crested Butte zweimal täglich Touren an, die nichts kosten und eine gute Hilfe sind, wenn man sich mit den Extreme Limits vertraut machen möchte.

Doch nicht nur Extrem-Skifahrer kommen in Crested Butte auf ihre Kosten, sondern auch Snowboarder und vor allem Telemark-Spezialisten – denn hier am Mount Crested Butte wurde der alte Fahrstil in den USA wiedergeboren. Telemark-Skifahren ist in Crested Butte heute so beliebt, daß es einige der Einheimischen in Telemark-Ski sogar bei den US-Meisterschaften im Extrem-Skifahren mit Telemark-Equipment antreten.

Keine Sorge, natürlich verfügt Crested Butte auch über perfekt gepflegtes Terrain für durchschnittliche Skifahrer und für Familien mit Kindern, die ihre ersten Versuche im Schnee machen wollen. Anfänger toben sich an den Abfahrten um den Keystone-Lift aus. Fortgeschrittene können an den Hängen um die Silver Queen ihre Schwünge in den Schnee zirkeln.

Die beste Nachricht für die Ski-Saison 1993/94: Aus der alten Silver Queen, ein langsamer alter Zweier-Sessel, wird ein Hochgeschwindigkeitsvierer. Engpässe an diesem Teil des Berges sind damit Geschichte. Übrigens: Wer in den Vorweihnachtswochen kommt, bezahlt in Crested Butte keinen Penny für den Liftpaß. Die »Ski free«-Wochen sind inzwischen für viele Amerikaner ein beliebter Auftakt der neuen Skisaison geworden.

Snowboards sind in Crested Butte übrigens überall erlaubt, auch in den Extreme Limits.

CRESTED BUTTE – FAKTEN

Gipfel	**3 721 Meter**
Talstation	**2 784 Meter**
Höhenmeter	**849 Meter**
Längste Abfahrt	**4 183 Meter**
Schneefall	**581 Zentimeter**
Lifte	**9 Sessellifte, 4 Schlepper**
Schwierigkeitsgrad der Pisten	**12 % für Anfänger 29 % mittelschwer 11 % für Fortgeschrittene 48 % für Experten**
Gesamtfläche der Pisten	**464 Hektar**
Skisaison	**Mitte November – Mitte April**

UNTERBRINGUNG

Wer in Crested Butte Skiurlaub macht, findet die meisten Hotels und Wohnungen in Mount Crested Butte, dem neuen Skidorf direkt an der Talstation der Lifte. Je kürzer der Fußweg von den Liften zur Unterkunft, desto teurer ist in der Regel auch die Übernachtung. Wer die rund fünf Kilometer lange Busfahrt von Crested Butte zur Liftstation vermeiden will, muß hier buchen.

Die rustikalen Bed-&-Breakfast-Pensionen, die Wild-West-Atmosphäre und die zahllosen Restaurants findet man jedoch nur in Crested Butte selbst. Auch das Nachtleben spielt sich hier ab, und so bleibt der Pendelbus nur denen erspart, die in einer Wohnung in Mount Crested Butte wohnen und abends keinen Fuß mehr vor die Haustür setzen wollen. Das jedoch ist wirklich nur der halbe Spaß.

Hotels und Wohnungen der Luxusklasse

Grand Butte Hotel: Das einzig wirkliche Hotel in Mount Crested Butte liegt direkt am Lift. Die 263 Zimmer sind erstklassig, der Service ist spitze. Zwei Restaurants, Bars, Pool, Massage- und Fitneßräume sowie Sonnendecks machen das Grand Butte zu einer runden Sache, die allerdings ihren Preis hat. Die Übernachtungen beginnen ab 160 Dollar. In der Vorweihnachtssaison jedoch kann man ein Zimmer bereits für 90 Dollar bekommen.
500 Gothic Road, P.O. Box A, Mount Crested Butte, CO 81225. Tel.: (303) 349-7561

Crested Mountain Village: Spektakuläre Penthouse-Suiten mit Blick auf den Berg.Jede Wohnung hat einen Whirlpool und einen offenen Kamin. Ein beheizter Pool sowie Sauna und Dampfbad stehen allen Gästen zur Verfügung.
21 Emmons Rd. Tel.: (303) 349-7555

The Crested Butte Club in Crested Butte: ein Hotel mit viktorianischem Charme. Alle sieben Suiten sind individuell mit Antiquitäten eingerichtet und haben einen offenen Kamin. Das Hotel hat einen Fitneßclub, einen beheizten Pool, zwei Dampfbäder, drei heiße Wannen, einen Gewichtraum und ein Racquetballfeld. Nur für Nichtraucher. Übernachtungen von 115 bis 125 Dollar pro Nacht.
512 2nd Street, Drawer 309, Crested Butte, CO 81224. Tel.: (303) 349-6655

Hotels und Wohnungen der mittleren Preisklasse

The Claim Jumper: ein altes, perfekt restauriertes viktorianisches Bed & Breakfast im Ortskern von Crested Butte. Die Räume sind mit hübschen Antiquitäten eingerichtet, die alten Eisen- und Messingbetten sind besonders charmant. Von den insgesamt nur sieben Zimmern haben allerdings bloß zwei ein eigenes Bad. Preis zwischen 79 und 89 Dollar, inclusive ausgiebigem Frühstück. Keine Raucher.
704 Whiterock Street. Tel.: (303) 349-6471

Plaza Condominiums: großer Wohnungskomplex mit Sauna, heißen Wannen im Freien und Restaurant. Vier Minuten zu Fuß zum Lift.
11 Snowmass Road. Tel.: (303) 349-6611

Günstige Unterkünfte

The Christiana: nur einen Block vom Pendelbus entfernt gelegen und etwa fünf Minuten zu Fuß vom Ortskern. Die Räume sind klein, aber da sich die meisten Gäste abends im Wohnzimmer dieses gemütlichen Inns aufhalten, stören die kleinen Schlafzimmer kaum. Ein Zimmer für zwei kostet zirka 75 Dollar pro Nacht.
621 Maroon. Tel.: (303) 349-5326

The Forest Queen: das billigste Motel am Ort. Hier kann man in einem Doppelzimmer für nur 30 Dollar übernachten. Frühstück inclusive.
Ecke Elk und 2nd Street. Tel.: (303) 349-5336

The Elk Mountain Lodge: einfache Zimmer mit eigenem Bad aber ohne jeglichen Luxus. Zwischen 60 und 70 Dollar pro Nacht.
129 Gothic Avenue. Tel.: (303) 349-7533

Manor Lodge: Günstige Übernachtungsmöglichkeit in Mount Crested Butte unweit der Lifte. 57 Zimmer mit Fernseher, Telefon. Jacuzzi, Sauna, Bar, Waschsalon und Restaurant befinden sich im Gebäude.
Postadresse: P.O. Box 729, Crested Butte, CO 81224. Straßenadresse: 650 Gothic Road, Mount Crested Butte 81225. Tel.: (303) 349-5365

RESTAURANTS

Frühstück

Avalanche: Frühstück für Hungrige direkt am Berg. Von Eiern mit Bratkartoffeln und Speck bis zu den beliebten Pancakes gibt es hier alles, was die traditionelle amerikanische Frühstücksspeisekarte bietet. Tip: Unbedingt die Müsli-Pancakes probieren.
Tel.: (303) 349-7195

Forest Queen: das beste Frühstück im Ort, in Wildwest-Jahrhundertwende-Atmosphäre. Unter keinen Umständen versäumen.
129 Elk Avenue. Tel.: (303) 349-5336

Pistenlunch

Die besten Spots an der Talstation heißen **Artichoke** und **Rafters**. Doch mehr als ordentliche Hamburger,

Suppen und Salate sollte man nicht erwarten. Die **Black Bear Bar** am Plaza serviert die beste Pizza am Berg – ideal für einen schnellen Snack am Mittag.

Abendessen

Idle Spur: die besten und größten Steaks in Crested Butte. Die Preise sind zivil. Das Bier kommt aus der eigenen Hausbrauerei und schmeckt selbst für einen europäischen Gaumen passabel. Reservierungen sind nicht möglich. Wer um 20 Uhr kommt, muß unter Umständen schon mal 20 Minuten warten.
Elk Avenue. Tel.: (303) 349-5026

Powderhouse Bar & Grill: köstliche mexikanische Spezialitäten vom Mesquite-Grill. Gut und nicht teuer. Die Margaritas sind allerdings nur mittelmäßig.
Ecke Elk Avenue und Second Street.
Tel.: (303) 349-5494

Penelope's: Dinner im grünüberwucherten Glashaus. Die Atmosphäre ist romantisch. Auch für ein Sonntagsbrunch empfehlenswert. Nicht billig. Reservierung erforderlich.
120 Elk Avenue. Tel.: (303) 349-5178

Soupçon: erstklassige französische Küche, die allerdings ihren Preis hat. Empfehlenswert ist das Lamm in Portwein und Senf. Für Liebhaber schwerer Desserts: die Orientexpreß-Schokoladentorte nicht verpassen.
127 Elk Avenue. Tel.: (303) 349-5448

APRÈS-SKI UND NIGHTLIFE

Rafters, Tel. (303) 349-2298 und **Artichoke**, Tel. (303) 349-6688, heißen die Après-Ski-Treffpunkte an der Talstation in Mount Crested Butte. An warmen Tagen sind die großen Terrassen der beiden Lokale vollgepackt mit einer bunten Mischung aus Urlaubern, Gebirgshippies und Einheimischen. Das Publikum ist fast durchweg jung, besonders im **Rafters**. Nach neun ist dies auch der einzig echte Abtanzschuppen am Berg, mit guter Live-Musik und einer ganzen Menge abenteuerlustiger Singles. Die urige Atmosphäre der Rockies jedoch findet man nur unten in Crested Butte. Die Einheimischen treffen sich nach einem harten Skitag auf Drinks im **Wooden Nickel**, 222 Elk Avenue, Tel. (303) 349-6350, oder im total verräucherten **Talk of the Town**, 230 Elk Avenue, Tel. (303) 349-6809. Und natürlich bei **Kochevar's**, 127 Elk Avenue, Tel. (303) 349-6734, dem ältesten Saloon von Crested Butte. Hier hat Butch Cassidy, nachdem er in Telluride eine Bank ausgeraubt hatte, mit einem Drink seine Nerven beruhigt und auf der Flucht vor den Verfolgern dann glatt seine Pistole vergessen.

Wer guten Jazz, Blues oder Bluegrass-Musik hören will, geht ins **Eldorado Cafe**, 215 Elk Avenue, Tel. (303) 349-1251, wo man auch erstklassig essen kann. Besonders die Dessertkarte hat's in sich. Die Schokoladenmoussetorte in Vanillesoße probieren!

WIE MAN HINKOMMT

Niemand kommt zufällig nach Crested Butte, denn der Ort liegt an einer Straße, die hier endet. Ein Segen für die Gemeinde, die mit dem Flugzeug nur über Gunnison erreicht werden kann. Die Verbindung von Denver nach Gunnison jedoch ist exzellent. Zehnmal fliegen die Gesellschaften United und Continental täglich. Der Transport mit dem Minibus vom Flughafen Gunnison nach Crested Butte und zurück kostet 30 Dollar.

Irwin Lodge – Paradies für Tiefschneefreaks

Nur 19 Kilometer von Crested Buttes historischem Distrikt entfernt, liegt die Irwin Lodge, ein Paradies für Tiefschneefans, die unberührte Hänge lieben, aber die Kosten und Gefahren eines Helikoptertrips scheuen. Das Terrain der Irwin Lodge, die einmal von einem exzentrischen Millionär gebaut wurde, sind 960 Hektar unberührte Hänge, die nur mit Hilfe von Schneekatzen erreicht werden können. »Wir bieten ziemlich dieselbe Skierfahrung, die auch ein Helikoptertrip bietet, allerdings zu sehr viel günstigeren Preisen«, sagt Rich Curtis, der Manager der Irwin Lodge. Mit 1 650 Zentimeter Schneefall pro Saison schneit es hier oben mehr als irgendwo anders in Colorado.

Die Lodge liegt weit ab von jeglicher Zivilisation auf 3 274 Meter Höhe, wo keine Straße mehr hinführt. Und so ist schon die Anreise ein Abenteuer – Schneemobile und Schneekatzen tun den Job. Transport vom Flughafen Gunnison oder von Crested Butte ist im Preis, etwa 350 Mark pro Tag, 1 399 Dollar für die Woche (incl. Übernachtung, Mahlzeiten, Transport mit der Schneekatze), enthalten.

Die Lodge hat nur 24 Gästezimmer, und so bleibt es hier draußen immer schön einsam. Weder Telefon noch Fernsehen lenken vom Skifahren ab. Eine Bar, exzellente Küche, Jacuzzi und eine Reihe hübscher Aufenthaltsräume machen den Aufenthalt zu einer runden Sache. Wem der Tiefschneealltag zu monton wird, geht auf Langlauftouren, Eisfischen oder spaziert mit Schneeschuhen um den Lake Irwin. »Ein Paradies für Powder-Freaks«, lautete das Urteil der Tester des amerikanischen Magazins SKI.

Wer übrigens einen Abstecher von Crested Butte in das Skigebiet der Irwin Lodge machen will, kann das tun. 160 Dollar kostet ein Tages-Trip, das Mittagessen und der Transport vom und zum Hotel sind darin eingeschlossen.

P.O. Box 457 Crested Butte, CO 81224
Tel.: (303) 349-5308
Skisaison Ende November – Mitte April

Steamboat Springs

Fast könnte man meinen, es gäbe mehr Cowboys auf den Pisten von Steamboat Springs als Skifahrer. Diesen Eindruck jedenfalls erwecken die Prospekte, die der Urlaubsort, etwa 250 Kilometer nordwestlich von Denver gelegen, jedes Jahr verschickt. Doch dies stimmt eigentlich nur für eine Woche im Januar, wenn sich Amerikas Rodeo-Reiter am Mount Werner treffen und ihr alljährliches Skirennen austragen, selbstverständlich in Rodeo-Outfits mit Cowboyhüten.

Während der restlichen Skisaison ist die einzige Person, die man auf der Piste und an der Talstation von Steamboat Village mit Cowboyhut antreffen kann, Billy Kidd, der amerikanische Olympiafahrer aus den 60er Jahren, der heute in Steamboat wohnt und als »Director of Skiing« fungiert.

Historisch gesehen ist der Urlaubsort im Nordwesten von Colorado eine echte »Cow-Town« – die Rinderzucht war im Umkreis lange Zeit der Hauptbroterwerb. Und auch heute noch hat Nordwest-Colorado eine ganze Reihe großer Ranches. So ist die Wahrscheinlichkeit, daß man Cowboys »Downtown«-Steamboat Springs in den Kneipen entlang der Lincoln Avenue trifft, recht groß.

Die Geschichte des Ortes, die ohne die extremen Zyklen des Reichtums und der Armut verlief, wie sie für die Silber- und Goldgräber-Dörfer sonst so typisch sind, mag einer der Gründe für die bodenständige Freundlichkeit von Steamboat Springs sein. Die Flamboyanz von Aspen und Telluride jedenfalls sucht man hier vergebens.

Sunshine Peak, Storm Peak, Thunderhead Peak und Christie Peak heißen die vier Gipfel, die von 21 Liften mit einer stündlichen Beförderung von 30 000 Skifahrern erschlossen werden. Liftschlangen sind in Steamboat Springs unbekannt. Das wissen auch General Norman Schwarzkopf, Rock'n'Roller Huey Lewis und Schauspielerin Cybil Shepherd, die in Steamboat Springs regelmäßig Urlaub machen.

Besonders, wenn sich in der Nacht zuvor ein weicher

weißer Teppich über die Pisten gelegt hat und morgens alles auf den Beinen ist, bewährt sich die enorme Kapazität des Liftnetzes. Der Schnee in Steamboat hat genau jene Konsistenz, die sich Skifahrer erträumen. Flocken, die so groß sind wie Zweimarkstücke, so trocken und luftig, daß schon ein leichter Windhauch sie aufbläst wie Gänsedaunen.

»Es ist ganz einfach der beste Schnee der Welt«, sagt Billy Kidd, der Slalom-Silber-Medaillen-Gewinner von Innsbruck 1964, der heute der prominenteste Repräsentant des Skiortes ist.

Jeden Mittag um 13 Uhr kann man Billy mit seinem Cowboyhut am »Thunderhead« treffen. Dort steht er Urlaubern als Führer und Skilehrer zur Verfügung und weiht sie in die Geheimnisse des Skifahrens im Wald ein. »An windigen Tagen oder wenn es stark schneit, gibt es nichts Besseres, als mitten durch den Wald zu düsen«, sagt Kidd, dessen Favoriten die bewaldeten Hänge mit den Namen »Twilight« und »Shadow« sind. Die Espen und Kiefern stehen hier in lockeren Abständen, der Schnee bleibt über lange Zeit frisch und flockig – auch wenn es einmal ein paar Tage nicht schneien sollte.

Mehr als 155 Hektar Hänge und Pisten werden in Steamboat Springs in jeder Nacht für die Skiläufer präpariert. 400 Hektar bleiben den Tiefschneepuristen, oft auch mehr. Denn nicht selten schneit es einfach so viel, daß der Pistenservice mit dem Walzen der Hänge kaum nachkommt, wie zum Beispiel im Dezember 1989, als in neun Tagen 250 Zentimeter Schnee fielen.

Etwa die Hälfte aller Hänge in Steamboat Springs gehören dem Durchschnittsfahrer. Ein Drittel ist Terrain für Fortgeschrittene. Buckelpistenspezialisten wie der in Steamboat Springs beheimatete Nelson Carmichael tummeln sich am »Twister«, »Tornado« oder »Rolex«.

Für geschundene Muskeln und Knochen nach einem langen Skitag hat Steamboat ein erstklassiges Rezept: die heißen Mineralquellen, denen der Ort seinen Namen verdankt. Denn die ersten Trapper, die Mitte des 19. Jahrhunderts durch das Yampa-Tal kamen, hielten die seltsamen Pfeiftöne, die sie aus der Ferne hörten, für Dampf-

Das ultimative Tiefschnee-Erlebnis: ein Tag mit den Steamboat Powder Cats.

schiffe (»Steamboat«). Als sich dann herausstellte, daß es sich um heiße Quellen handelte, tauften sie den Ort auf den Namen »Steamboat Springs«.

Der Stamm der Ute-Indianer hatte diese Quellen bereits seit Jahrhunderten genutzt. Immer wenn sich die Krieger und ihre Pferde von Auseinandersetzungen mit den Nachbarstämmen erholen mußten, waren die Utes in das »heilige Tal« gepilgert.

Heute pflegen sich Skiurlauber in den Mineralquellen von Steamboat Springs. Après-Ski in den heißen Quellen des Strawberry Natural Park im Anblick der Rockies in der Dämmerung ist ein spektakuläres Erlebnis, vor allem, wenn einem dabei die Schneeflocken um die Nase treiben.

Krönen läßt sich ein solcher Abend nur mit einer Gondelfahrt in der Dunkelheit hinauf zum Thunderhead. »Hazie's« heißt das Feinschmeckerlokal mit Ausblick auf das in mildes Mondlicht getauchte Yampa-Tal, in dem Tausende kleiner Lichter funkeln. So feinsinnig wie die Atmosphäre ist denn auch die Speisekarte, die Wachteln,

Schnecken, Patés und andere Köstlichkeiten internationalen Zuschnitts zu bieten hat.

Mit einem »Kinder-fahren-umsonst«-Programm wirbt Steamboat seit geraumer Zeit um Kleinfamilien. Bis zu zwei Kinder bekommen außerhalb der stark frequentierten Weihnachtssaison einen kostenfreien Liftpaß. Doch das ist nur einer der vielen Gründe, die Steamboat zu einer idealen Spielwiese für einen Urlaub in den Rockies machen.

Wen selbst exzellente Pisten und gutes Essen nach ein paar Tagen langweilen, der ist in Steamboat Springs genau richtig, denn wenige Skigebiete der Rockies haben ein so reichhaltiges, über den reinen Skisport hinausgehendes Angebot:

Der französische Rallyefahrer Jean Paul Luc bietet hier seit zwölf Jahren seine Eis- und Schnee-Kurse an.

Trips ins Hinterland zum Rabitt Ears Paß mit Hundeschlitten, Snow-Mobilen oder mit den Langlaufskiern (das Terrain ist ideal), Fahrten mit dem Heißluftballon, inklusive Bungeejumps ... Die Liste ließe sich leicht weiterschreiben.

Was niemand versäumen sollte, ist ein Skitrip mit den Steamboat Powder Cats. Für Tiefschnee-Enthusiasten ein Muß. Mehr als 23 Quadratkilometer Schneewildnis erschließt Jupiter Jones mit seinen Schneekatzen nunmehr bereits im zehnten Jahr. Und der Schnee hier oben am Buffalo Paß ist erstklassig. Auch dann noch, wenn es einmal mehrere Tage nicht geschneit hat.

Übrigens: Auch Snowboarder sind an den Hängen von Steamboat willkommen.

STEAMBOAT SPRINGS – FAKTEN

Gipfel	3 228 Meter
Talstation	2 104 Meter
Höhenmeter	1 124 Meter
Längste Abfahrt	4 800 Meter
Schneefall	825 Zentimeter
Lifte	17 Sessellifte, 2 Schlepper, 1 Gondel
Schwierigkeitsgrad der Pisten	15 % für Anfänger 54 % mittelschwer 31 % für Fortgeschrittene und Experten
Gesamtfläche der Pisten	1 000 Hektar
Skisaison	Ende November – Mitte April
Adresse	Steamboat Ski & Resort Corporation 2305 Mt. Werner Circle Steamboat Springs, Colorado, 80487 Tel.: (303) 879-6111

UNTERBRINGUNG

Wer einen Urlaub in Steamboat bucht, hat zwei Möglichkeiten: Steamboat Village an der Gondelstation ist das moderne Skidorf mit einem Sheraton Hotel und einer großen Ansammlung von Apartment-Wohnungen. Die echte Wildwest-Atmosphäre erlebt man allerdings in Steamboat Springs selbst, das etwa 1,5 Kilometer entfernt liegt und durch einen Pendelbus mit dem Skigebiet verbunden ist.

Auch in Steamboat gilt die Regel: Je kürzer der Weg zur Liftstation, desto teurer sind die Unterkünfte. Die Luxusklasse beginnt in Steamboat bei etwa 150 Dollar pro Nacht (Doppelzimmer). Die mittlere Preisklasse liegt zwischen 90 und 150 Dollar. Alles, was weniger kostet, gilt als günstig.

Hotels und Wohnungen der Luxusklasse

Sheraton Steamboat Resort: das einzige echte Luxushotel am Ort. Der wenig schöne Betonbau steht direkt an der Gondelstation in Steamboat Village. Eine Doppelzimmer kostet etwa 130 Dollar im Januar, ein Suite um die Weihnachtszeit bis zu 440 Dollar.
P.O. Box 774808 Steamboat Springs, CO 80477.
Tel.: (303) 879-2220

Bear Claw Condominiums: Wohnungen der Spitzenklasse in allen Größen, direkt am Lift.
2420 Ski Trail La. Tel.: (303) 879-6100

Thunderhead Lodge: in Steamboat Village an der Talstation, mit beheiztem Pool.
35215 Mt. Werner Way. Tel.: (303) 879-2220

Torian Plum: einer der besten Apartment-Komplexe mit allem, was man sich in einem Skiurlaub wünschen mag. Die Liftstation liegt direkt vor der Tür, genauso wie die Top-Nightlife-Spots. Apartments mit Wohn- und Schlafzimmer kosten zwischen 190 und 415 Dollar pro Nacht.
1855 Ski Time Square. Tel.: (303) 879-8811

Hotels der mittleren Preisklasse

Best Western Ptarmigan Inn: direkt an der Gondelstation am Fuße des Mt. Werner. Familienrestaurant, beheizter Pool und Sauna sowie Aufenthaltsraum und Ski-Shop im Gebäude.
2304 Après-Ski-Way. Tel.: (303) 879-1730

Timber Run Condominiums: Apartment-Komplex ganz in der Nähe der Lifte. Drei Jacuzzis unterschiedlicher Größe für die Erholung danach.
2225 Walton Creek Road. Tel.: (303) 879-7000

Harbor Hotel: hübsch restauriertes Hotel. Die Räume sind viktorianisch gemütlich eingerichtet. Der Bustransport zu den Skiliften ist gratis.
703 Lincoln Avenue. Tel.: (303) 879-1522

Günstige Unterkünfte

The Steamboat Bed and Breakfast: hübsches B & B in Steamboat. Alle Räume sind mit Antiquitäten eingerichtet. Ein Doppelzimmer kostet 80 Dollar, Frühstück inbegriffen.
442 Pine. Tel.: (303) 879-5724

Rabbit Ears Motel: ganz in der Nähe der meisten Restaurants und Geschäfte »Downtown« Steamboat Springs. Das Doppelzimmer kostet während der Hauptsaison etwa 80 Dollar.
201 Lincoln Avenue. Tel.: (303) 879-1150

Quality Inn Overlook Motel: auf dem Weg zwischen Talstation und Downtown gelegen. Preisgünstig. Transport zur Piste und in die Stadt mit dem Pendelbus.
1000 Highpoint Drive. Tel.: (303) 879-2900

RESTAURANTS

Es gibt kaum einen Skiort in Colorado, der eine so große Auswahl von Restaurants aller Preiskategorien und Geschmacksrichtungen hat wie Steamboat Springs. Von amerikanischer Küche über europäische, asiatische und andere ethnische Spezialitäten – in den mehr als 50 Restaurants des Urlaubsortes gibt es wirklich alles, was man sich wünschen mag, oft in besserer Qualität, als es in so mancher Großstadt geboten wird. Wer gerne gut ißt, ist in Steamboat Springs jedenfalls an der richtigen Adresse.

Frühstück

Das beste amerikanische Frühstück, also Spiegeleier, Speck, Bratkartoffeln, Omelettes und ähnlich Heftiges, gibt es Downtown Steamboat Springs in **The Shack**, 740 Lincoln Avenue, Tel.: (303) 879-9975. Zu sensationell günstigen Preisen. Wer in Steamboat Village bleiben will, bekommt im **Remmington's** im Sheraton ein hervorragendes Frühstück mit allen Details. (Die Eggs Benedict sind erstklassig.) Für einen schnellen Kaffee mit Croissant tut's **Cinnamon's** unten im Sheraton. Andere empfehlenswerte Frühstücksspots sind **The Tugboat** am Berg und die **In-Season Bakery and Deli**, Tel.: (303) 879-1840, in der Stadt.

Pistenlunch

Für das Mittagessen am Berg hat man die Wahl zwischen Sandwiches, Pizzas und Burgern in den Cafeterias **BK's Corral** am Thunderhead und dem **Rendezvous** am Rendezvouz Saddle. Wer mittags an der Piste gerne aufwendig ißt, für den sind die Feinschmeckerlokale **Hazie's** und **Ragnar's** (skandinavische Spezialitäten – Smørrebrød-Platte probieren!) genau das Richtige. Die Preise sind hoch, Essen und Ausblick ins Tal entsprechend gut. Reservierung unbedingt erforderlich.

Abendessen

La Montaña: für die Fans mexikanischer Küche die beste Adresse. Koch Michael Fragola hat eine Speisekarte zusammengestellt, die weit über die sattsam bekannten Tacos und Fajitas hinausgeht. Elchlende mit Nußkruste in Bourbon-Sahnesoße mit gegrillter Polenta ist eine der erfindungsreichen Spezialitäten im La Montana. Übrigens: Auch die gefrorenen Margaritas haben's in sich. Beliebter Treff nach der letzten Abfahrt.
2500 Village Drive. Tel.: (303) 879-5800

Cipriani's: erstklassiges, aber teures italienisches Restaurant. Hier gibt es die feinsten norditalienischen Gerichte. Direkt in der Thunderhead Lodge.
35215 Mt. Werner Way. Tel.: (303) 879-2220, Anschluß 1220

Gorky Park: Downtown Steamboat Springs, das exotischste Restaurant der Rockies. Ein Salon in rosa und burgunderrot direkt aus dem zaristischen Rußland. Russische Spezialitäten werden hier zu Zigeunermusik serviert. Ein Juwel ist die Wodkakarte: Man hat die Wahl zwischen 33 verschiedenen Geschmacksrichtungen von Pfirsich bis Meerrettich. Teuer!
57 1/2 Eight Street. Tel.: (303) 879-9939

L'Apogée: eines der besten und teuersten Restaurants von Steamboat. Französische Speisekarte. Lamm und Forelle sind besonders zu empfehlen. Der Weinkeller ist mit über 500 verschiedenen Weinen geradezu sensationell. Viele der exzellenten Sorten kann man auch per Glas bestellen.
911 Lincoln Street. Tel.: (303) 879-1919

The Blue Pheasant: Das französische Restaurant des Hamburgers Fred Schnell gehört zu den Klassikern Steamboats. Die Atmosphäre ist gepflegt, die Speisekarte exzellent.
1250 Lincoln Avenue South, Sundance Plaza.
Tel. (303) 879-6680

Mattie Silk's: teures, edel in Kerzenlicht getauchtes Restaurant an der Talstation. Lamm-, Kalb- und Entenspezialitäten. 50 unterschiedliche importierte Biere. Reservierungen empfehlenswert.
1890 Mt. Werner Rd. Tel.: (303) 879-2441

The Steamboat Yacht Club: ein Glashaus, das direkt am Yampa River liegt. Unbedingt für Mittwochnacht Reservierungen machen. Dann kann man nämlich vom Tisch aus die Skispringer beobachten, die am Howelson

Hill bei Flutlicht von der Schanze jumpen. Ach ja, das Essen ist erstklassig, und die Preise sind zivil.
811 Yampa Avenue. Tel.: (303) 879-4774

Steakhäuser

Steamboat hat so viele gute Steakhäuser, daß es kaum möglich ist, während einer Urlaubswoche alle auszuprobieren. Die drei besten heißen **Butcher Shop**, 940 Ski Time Square Drive, Tel. (303) 879-2484, **Old West Steakhouse**, 1104 Lincoln Avenue, Tel. (303) 879-1441, und **Ore House**, 1465 Pine Grove Road, Tel. 879-1190, wo unter anderem Elch oder Bison auf der Speisekarte stehen. Das Ore House ist eine rustikale alte Scheune voller Cowboy- und Wildwest-Reliquien. Das obere Geschoß verwandelt sich zu späterer Stunde in einen heißen Tanzschuppen, in dem allabendlich eine Country-Band zum »Two-Step« aufspielt.

Für schmale Geldbeutel

Wer für die kulinarischen Köstlichkeiten wenig übrig und ganz einfach Hunger hat, kann unter einem breiten Angebot preiswerter Familienrestaurants auswählen. **Heavenly Days**, eine Mikrobrauerei am Ski Times Square gegenüber vom Torian Plum, Tel. (303) 879-8080, und **Anderson and Friends**, 901 Lincoln Avenue, Tel. (303) 879-0208, in der Stadt sind zwei gute Stationen für Sandwiche und Suppen. **Cantina**, 818 Lincoln Avenue, Tel. (303) 879-0826, in Downtown Steamboat Springs ist prima für simple mexikanische Küche und Pizza. **The Tugboat**, 1860 Ski Times Square Drive, Tel. (303) 879-7070, und **Grubstake**, 2305 Mount Werner Drive, Tel. (303) 879-4448, sind die richtigen Adressen am Berg für rustikale Hamburger und Bier. Beide Kneipen sind laut und immer voll mit Einheimischen. **Dos Amigos**, 1910 Mount Werner Road, Tel. (303) 879-4270, ist das Äquivalent zur Cantina am Berg und seit vielen Jahren ein beliebter Treff der Einheimischen.

APRÈS-SKI UND NIGHTLIFE

Dos Amigos (Margaritas) **Tugboat** (Bier), die Bar von **Mattie Silk's** und das **Cathouse Cafe** sind die ersten Kneipen, die ein ernsthafter Après-Ski-Urlauber nach einem harten Tiefschneetag ansteuern muß. Und natürlich **Inferno**, eine Bar, die ihrem Namen alle Ehre macht.

Seit 1992 gibt es am Berg auch eine Brauerei: Das **Heavenly Daze Brew Pub** sei alle jenen empfohlen, denen die wäßrige Brühe amerikanischer Konfektionsbiere nicht schmeckt.

Nach dem Abendessen trifft man sich im **Steamboat Saloon** oder in der **Loft** (über dem **Ore House**), dort spielen die Country-Bands des Ortes. Die späten Abhänger von Steamboat sind dieselben Bars, die auch schon für den ersten Drink nach dem Abschalten der Lifte frequentiert werden: **Inferno**, **Dos Amigos**, **Tugboat** sind zu späterer Stunde wieder angesagt. Wer den Après-Ski und das Nachtleben ernst nimmt, tut gut daran, seinen Aufenthalt im Steamboat Village an der Talstation zu buchen. Eine heiße Nacht in den Bars findet dann immer in Wankdistanz zum Hotelzimmer statt.

WIE MAN HINKOMMT

Steamboat Springs hat zwei Flughäfen. Der Yampa Valley Airport etwa 20 Autominuten vom Skigebiet entfernt, wird von American Airlines, United, United Express und Northwest angeflogen, direkt von mehr als 100 amerikanischen Städten aus. Continental Express fliegt ab Denver den näher am Ort liegenden Flughafen Steamboat Springs an.

Telluride

Wie ein Goldgräberdorf aus der Zeit, in der Butch Cassidy noch Banken überfiel, wirkt der kleine Ort Telluride, der sich seit mehr als 100 Jahren in einem Canyon im Südwesten des Bundesstaates Colorado versteckt. Die Hauptstraße voller bunter viktorianischer Lebkuchenhäuser, die nächste Verkehrsampel mehr als 100 Kilometer entfernt: eine Rocky-Mountain-Wildwest-Kulisse aus tausendundeinen Jungenträumem. Und Butch Cassidy, der hat hier tatsächlich im Jahr 1889 seine erste Bank ausgeraubt.

Beim Anblick der wilden 4 700er, die sich aus dem Massiv der San Juan-Mountains in den kobaltblauen Himmel strecken, bekommen selbst verwöhnte Wintersportkenner eine wohlige Gänsehaut. Spätestens wenn man im wadentiefen Neuschnee der Spiral Stairs steht, einer Abfahrt voller Buckel, weiß man's genau: Es gibt es also doch, das Skiparadies.

Eine wilde, unflätige Westernstadt mit 36 Saloons und einem guten Dutzend Bordellen war Telluride vor hundert Jahren. Silber- und Goldminen brachten Unmengen von Geld, das die fleißigen Schürfer ebenso fleißig wieder verpraßten. In den 20er Jahren war der Boom zu Ende. Und Telluride erging es nicht anders als Aspen, Crested Butte und Breckenridge. Es fiel in einen tiefen Schlaf – bis es 1972 für den Wintersport entdeckt wurde.

Heute ist eines der Bordelle ein griechisches Restaurant, andere sind Apartments für Angestellte der Stadt. Und aus dem alten Gefängnis, in dem so mancher Goldschürfer seinen Rausch ausschlief, wurde eine Kinderbibliothek. Auch die wenigen Neubauten passen in das Jahrhundertwendeidyll, denn die Bauauflagen sind denkbar streng: Telluride steht unter Denkmalschutz. Die große Expansion der letzten Jahre verlagerten die Stadtväter kurzum ins Mountain Village, wo sich in den vergangenen Jahren eine Retorten-Stadt entwickelte, wie man das aus Beaver Creek, Snowmass und allen anderen neuen Skigebieten kennt. Luxus und Bequemlichkeit Superklasse.

Atmosphäre überhaupt keine. Wer auf die Wildweststimmung also nicht verzichten will, der darf nur im Ort selbst wohnen. Muß dafür aber immer eine paar Schritte zum Lift zu Fuß in Kauf nehmen.

Benannt ist Telluride nach den gleichnamigen Mineralien, die man in den umliegenden Bergen fand. Die Einwohner von Telluride, eine Mischung von Goldgräbern, Aspen-Flüchtlingen, Alt-Hippies, Künstlern und Ski-Akademikern – haben in Erinnerung an alte Zeiten eine witzigere Erklärung. Sie behaupten, »Telluride« komme von »To hell you ride« (zur Hölle sollst du fahren).

In den USA gelten die Berge von Telluride seit langem als fabelhaftes Terrain für Tiefschneefahrer, auch wenn einige der 47 Abfahrten im Laufe der vergangenen Jahre ein wenig entschärft wurden, um auch dem Durchschnittsfahrer gerecht zu werden. So kann man in Telluride das Phänomen beobachten, daß Hänge nur zur Hälfte präpariert werden. Eine Seite bleibt in ihrem natürlichen

Skiurlaub im Wilden Westen: nirgendwo authentischer als in Telluride.

Sonnentage in Telluride: Pistenlunch in atemberaubender Landschaft.

Zustand, bei 762 Zentimeter Schnee im Saisondurchschnitt für wahre Könner ein Traum.

Warteschlangen gibt es in Telluride selbst in der Hochsaison kaum, und das ist nicht weiter erstaunlich. Die Kapazität der Lifte liegt bei 10 000 Skifahrern pro Stunde, die Bettenkapazität des Ortes bei nur 4 000.

Besonders für Skifahrer mittleren Könnens wurde in den vergangenen Jahren viel gebaut. Das Gorrono Basin bietet Pisten für alle Geschmäcker, und der Sunshine Peak mit dem längsten Hochgeschwindigkeits-Sessellift der Welt (3,2 Kilometer) und vier moderaten Abfahrten gilt als einer der besten Anfängerberge Amerikas.

Mit der Erschließung von weiteren 160 Hektar Experten-Terrain über der Baumgrenze am Gold Hill frischte Telluride in der Saison 92/93 auch sein wildes Image wieder auf, das in den vergangenen Jahren ein wenig zahmer geworden war. Denn lange Zeit galt Telluride als Domäne der Experten, die über die VW-Käfer-großen

Buckel ungewalzter Pisten heizten. Ultimate heißt das Könner-Terrain über dem Prospect Basin, das allerdings nur noch einem kurzen Aufstieg vom Apex-Lift erreicht werden kann.

Mit gewaltigen Anstrengungen ist Telluride derzeit dabei, die populären Skiorte Aspen und Vail zu überholen. Der Bau einer neun Millionen Dollar teuren Gondelbahn, die Telluride in einer Fahrzeit von nur zwölf Minuten mit dem Mountain Village verbindet, soll jede Form von Autoverkehr zwischen den beiden Orten überflüssig machen und zugleich den Skifahrern neue Möglichkeiten eröffnen.

Viele Bewohner betrachten das Wachstum des Skigebietes mit Mißtrauen und behaupten, daß Hollywoodstars aus ihrem urigen Nest bereits ein zweites Aspen gemacht hätten. Denn Oprah Winfrey, Sylvester Stallone, Tom Cruise, Nicole Kidman, Oliver Stone, Keith Carradine und Daryll Hannah haben sich bereits in der Idylle eingekauft, und US-Modemacher Ralph Lauren residiert nur ein Tal weiter auf einer eigenen Ranch. Daß mit dem Zuzug der US-Prominenz auch die Immobilienpreise explodierten, ist nicht schwer nachzuvollziehen.

«Shredder« sind in Telluride übrigens an allen Hängen willkommen. Im Gorrono Basin gibt es außerdem eine Halfpipe. Und wer immer schon mal einen Skitag per Helikopter erleben wollte, wendet sich an:

Telluride Helitrax,
P.O. Box 1560
Telluride CO 81435
Tel.: (303) 728-4904
Zielgebiet: San Juan und Uncompaghre Nationalwald

TELLURIDE – FAKTEN

Gipfel	3 626 Meter
Talstation	2 661 Meter
Höhenmeter	965 Meter
Längste Abfahrt	4 500 Meter
Schneefall	762 Zentimeter
Lifte	9 Sessellifte, 1 Schlepper
Schwierigkeitsgrad der Pisten	21 % für Anfänger 47 % Fortgeschrittene 31 % Experten
Gesamtfläche der Pisten	420 Hektar
Skisaison	Mitte November – Mitte April
Adresse	Telluride Central Reservations P.O. Box 1009 Telluride, Colorado 81435 Tel.: (303) 728-4431

UNTERBRINGUNG

Wer direkt am Lift zwischen den Pisten Urlaub machen will, muß im Mountain Village buchen, dafür aber auf echte Wildwestatmosphäre verzichten. Abends, wenn die Lifte abgestellt sind, fährt ein Pendelbus die 12 Kilometer zwischen dem Mountain Village und Telluride. Das Nachtleben jedoch und auch Abendessen finden fast ausschließlich in Telluride statt. Wer also Skiurlaub in Amerika erleben will und die Anonymität von Neubauten nicht mag, der bucht ein Zimmer oder ein Apartment im Ort. Die Entfernung zum Lift ist meist unerheblich. Wer dennoch keinen Schritt gehen will, für den haben die meisten Hotels Mini-Busse, die ständig pendeln.

Hotels und Wohnungen der Luxusklasse

Ice House Hotel: 42 Zimmer, luxuriös mit Möbeln des Südwestens ausgestattet. Unkonventionelle Frühstücksatmosphäre. Wenige Meter zum Oak Street Lift. Zwischen 90 und 350 Dollar pro Nacht.
310 South Fir Street. Tel.: (303) 728-6300

San Sophia B & B: Tellurides bestes Bed & Breakfast. Gemütliche Zimmer. Das Frühstück und der Service sind erstklassig. Übernachtungen zwischen 125 und 195 Dollar pro Nacht. Kurzer Fußweg zum Lift.
330 West Pacific Street. Tel.: (303) 728-3001

Pennington's Mountain Village Inn: elegantes Bed-&-Breakfast-Haus. Die Zimmer sind riesig und die Ausblicke atemberaubend. Leider ist man nicht wirklich in Telluride, sondern im Mountain Village.
100 Pennington Court. Tel.: (303) 728-5337

Doral Telluride Resort and Spa: ein 90-Millionen-Dollar-Luxus-Komplex im Mountain Village, mit allen Annehmlichkeiten, die man sich nur wünschen kann. Inclusive Sportanlagen, Heilbädern und medizinischer Betreuung. 177 Zimmer. Übernachtung ab 310 Dollar pro Nacht.
136 Country Club Drive. Tel.: (303) 728-6800

Hotels der mittleren Preisklasse

Riverside Condos: sehr schöne Apartments am Fuße des Oak Street Lifts. Preise zwischen 120 und 370 Dollar, je nach Größe und Jahreszeit.
460 South Pine. Tel.: (303) 728-4311

Tom Boy Inn: zentral gelegenes ehemaliges Best Western. Eigenes Jacuzzi und Dampfbad.
619 West Columbia. Tel.: (303) 728-3871

Günstige Unterkünfte

New Sheridan Hotel: Ein Trip in der Zeitmaschine ist das neu renovierte Sheridan an der Colorado Avenue, der Hauptstraße von Telluride. Ideale Kneipenlage. Der Shuttle-Bus zum Lift hält direkt vor der Tür. Zimmer zwischen 35 und 119 Dollar.
213 West Colorado. Tel.: (303) 728-4351

The Dahl House: im letzten Jahrhundert von Goldschürfern bewohnt. Mehrere Zimmer teilen sich ein Bad. Die zum Haus gehörigen Apartments sind jedoch mit allen Annehmlichkeiten ausgestattet.
122 Oak Street. Tel.: (303) 728-4158

Johnstone Inn: gerade renoviert. Acht kleine und ruhige Zimmer mit Bad. Das Frühstück ist im Preis inbegriffen. Drei Blocks vom Coonskin Lift. Zwischen 70 und 145 Dollar pro Nacht.
403 Colorado Avenue. Tel.: (303) 728-3316

RESTAURANTS

Frühstück

Die beste Adresse für ein herzhaftes Frühstück heißt **Excelsior Cafe.**
200 West Colorado Avenue. Tel.: (303) 728-4250

Gute Croissants und andere Backwaren gibt es in **Gregor's Bakery and Cafe**. Wer im US-Skiurlaub echte Bagels braucht, bekommt sie im **Baked in Telluride.**
127 South Fire Street. Tel.: (303) 728-9902

Pistenlunch

Tellurides Pistenrestaurants sind freundlicher Cafeteria-Durchschnitt. Burger, Pizza und andere Fastfood-Nettigkeiten kann man in der **Prospector Base** und der **Sausage Shack** essen. Im **Gorrono Ranch Restaurant** geht es gemütlicher zu. Für ein ausgiebiges Mittagessen an verschneiten Tagen zu empfehlen.

Abendessen

Powderhouse: regionale Wildspezialitäten und andere traditionelle Köstlichkeiten, nicht ganz billig. Unbedingt Tisch reservieren.
226 West Colorado Avenue. Tel.: (303) 728-3622

Silverglade: erstklassiger Fisch vom Mesquite-Grill.
115 West Colorado Avenue. Tel.: (303) 728-4943

Marmotte: französische Alpenküche in rustikaler Atmosphäre.
150 San Juan Avenue. Tel.: (303) 728-6323

Leimgruber's Bierstube und Restaurant: Die am Chiemsee geborene und in Ost-Berlin aufgewachsene Christel Leimgruber kam 1959 nach Amerika und eröffnete 1986 in Telluride dieses urdeutsche Restaurant. Von Kassler mit Kraut bis zum Wiener Schnitzel und Apfelstrudel gibt es hier alles für Skiurlauber mit Heimweh. Auch deutsches Bier.
573 Pacific Avenue. Tel.: (303) 728-4663

Floradora Saloon: für Urlauber mit schmalem Geldbeutel der beste Tip. Die Salatbar ist riesig, die Suppen sind herzhaft und die Hamburger die besten der Stadt.
103 West Colorado Avenue. Tel.: (303) 728-9937

APRÈS-SKI UND NIGHTLIFE

Die Anzahl der Bars in Telluride mag nicht besonders groß sein, aber was dem Skiort an Quantität fehlen sollte, macht die Après-Ski-Stimmung in den Kneipen allemal wett. Zum ersten Drink nach der letzten Abfahrt trifft man sich in Christel **Leimgruber's** Bierstube oder auch in der **New Sheridan Bar** im gleichnamigen Hotel. Die Bar ist ein echter Wildwest-Klassiker und gehört auf jedes Après-Ski-Programm. Neu ist das **One World Cafe** an der Colorado Avenue, ein Club mit allabendlichen Auftritten von Live-Bands. Musik von Reggae bis Rock'n'Roll. Auch die **Swede-Fin Hall** (472 West Pacific) gibt es in Telluride erst seit der vergangenen Saison – Billard, Bier und in erster Linie vegetarische Speisen stehen auf dem Programm. Später Abhänger, wenn Live-Bands spielen: der **Fly me to the Moon Saloon**.

WIE MAN HINKOMMT

Telluride liegt 520 Kilometer südwestlich von Denver im Uncompaghre Nationalwald. Acht Kilometer außerhalb des Ortes befindet sich der höchstgelegene öffentliche Flughafen der USA, den die Fluggesellschaften United Express, Continental Express und Sky West täglich von Denver, Albuquerque und Phoenix anfliegen. Ein bißchen Geduld muß man mitbringen. Hier oben in den Rockies kann das Wetter schon manchmal für Verspätungen sorgen.

Der höchstgelegene kommerzielle Flughafen der USA: nur drei Meilen vom Stadtkern entfernt.

Vail und Beaver Creek

Ein bayrisches Skidorf inmitten der Rockies? Klar, aber das ist nur Optik – von klugen Architekten mit einem Sinn für europäischen Charme vor gut 20 Jahren entworfen. Vail Village, das Zentrum des US-Skigebietes Vail, ist jedoch alles andere als ein verschlafenes Bergdorf. Die Fassade bayrischer Gemütlichkeit ist die Kulisse für einen Skiort, der mondän und teuer ist und seit Jahren die Reichen und Schönen aus der ganzen Welt anzieht. So gilt Shopping in Vail besonders unter den wenig schneebegeisterten Ehefrauen südamerikanischer Millionäre als ebenso ernst zu nehmende sportliche Disziplin wie Skilaufen.

In nur 25 Jahren ist die Region Vail/Beaver Creek zu einem der besten Skigebiete der Welt geworden. Der Grund dafür sind Zutaten, die einfach nicht besser sein könnten: ein uriges Dorf, wildes Nachtleben, gute Restaurants und ein Skiberg, wie ihn sich jeder Skiläufer erträumt. Kein anderes Gebiet der USA hat so viele Hochgeschwindigkeits-Sessellifte (insgesamt sieben), nirgendwo werden so viele Skifahrer in so kurzer Zeit die Berge hinauftransportiert.

Was man in Vail allerdings vergebens sucht, sind die ultrasteilen Abfahrten von Crested Butte, Telluride oder Jackson Hole. Dafür bietet der Berg mehr als 120 lange, sich immer in neue Richtungen windende Abfahrten und natürlich die sogenannten »Back Bowls« – 1 000 Hektar baumloses Skifahrerterrain, wie man es in den USA sonst nirgendwo findet. China Bowl, Siberia Bowl, Sun Up und Sun Down Bowl sind an Tagen, an denen ein Schneesturm knietiefen »Powder« gebracht hat, ein in Erfüllung gegangener Skifahrertraum.

Dieses einzigartige Terrain ist eigentlich Werk der Ute-Indianer, die Ende des vergangenen Jahrhunderts aus dem Gore Valley vertrieben wurden und als Rache zahlreiche Feuer legten, die Tausende von Hektar Waldland niederbrannten und der Region die weit offenen, baumlosen »Back Bowls« gaben.

Insgesamt ist das Skigebiet Vail so groß, daß sich selbst Spezialisten nach einer Woche noch nicht langweilen. Als größter einzelner Skiberg der USA hat Vail so viele Segmente, daß man ständig neue Wege ins Tal entdeckt. Keine der Abfahrten ist wirklich angsterregend, auch wenn es für jede Könnerstufe genügend Herausforderungen gibt. Nachteil von Vail sind lange Schlangen an den Lifts, die besonders in der Hauptsaison einige Nerven kosten können.

Der Tag am Berg ist für den typischen Vail-Urlauber jedoch nur die halbe Urlaubserfahrung. Romantische Fahrten mit dem Pferdeschlitten, Helikoptertrips und selbstverständlich Shopping in Vail Village, dem alpenländischen Kern des Ortes, gehören genauso dazu wie gute Restaurants und eine luxuriöse Unterkunft mit Schwimmbad, Jacuzzi und anderen Spielereien. Daß derart perfektes Urlaubsvergnügen recht kostspielig ist, versteht sich. Vail gehört mit Deer Valley/Utah zu den teuersten Skigebieten der USA.

Vails kleine Schwester Beaver Creek liegt etwa 16 Kilometer westlich und ist ein Retortendorf, das sich in nur 13 Jahren zu einem der nobleren Skiorte Amerikas gemausert hat. Was ihm an Atmosphäre fehlt, macht der Beaver Creek an Eleganz und Luxus wett: Gäste werden in weißen Cadillac-Limousinen durch den Ort chauffiert, und am Lift der Talstation stehen jeden Morgen Kekse und heiße Getränke bereit. Die Häuser und Apartments sind nahezu alle Luxusklasse. Mats Wilander, Gerald Ford und Jimmy Connors sind einige der Prominenten, die hier den Winterurlaub in ihren eigenen Wohnungen verbringen.

Beaver Creeks Image, Zuflucht und Erholungsort der Reichen zu sein, hat dazu beigetragen, daß der Ruf des Skiberges lange Zeit nur Skifahrer mittleren Könnens anzog. Ganz zu Unrecht, denn auch Fortgeschrittene und Experten, die ihren Urlaub in Vail verbringen, sollten wenigstens einen Tag an den Hängen von Beaver Creek zubringen – vorzugsweise an einem Samstag oder Sonntag, wenn man in den Liftschlangen von Vail oft bis zu 30 Minuten warten muß.

Ausflugsziel für Langläufer: Trapper's Cabin in Beaver Creek.

Die einfacheren Pisten, auf denen man die Skier so richtig laufen lassen kann, findet man in Beaver Creek unter dem Centennial Lift und ganz oben am Stump Park Lift. Grouse Mountain, vor zwei Wintern mit Hilfe eines Vierer-Sessels in das Skigebiet integriert, ist der Expertenberg für ambitionierte Läufer. Wer gute Kondition und starke Beinmuskeln hat, findet im Rose Bowl und am Birds of Prey Buckelpisten von einer Länge und Schwierigkeit, die jedem Skifahrer Höchstleistungen abverlangen. Vail jedenfalls hat vergleichbar Anspruchsvolles nicht zu bieten.

Snowboarder sind sowohl in Vail als auch in Beaver Creek willkommen. Beide Gebiete haben eine 300 Meter lange »Halfpipe« für die Experten unter den Snowboardern. Wer seine ersten Rutscher auf den breiten Brettern probieren will, kann die Ausrüstung mieten und Lehrer dafür engagieren.

VAIL – FAKTEN

Gipfel	3 492 Meter
Talstation	2 501 Meter
Höhenmeter	1 217 Meter
Längste Abfahrt	7 200 Meter
Schneefall	851 Zentimeter
Lifte	18 Sessellifte, 5 Schlepper, 1 Gondel
Schwierigkeitsgrad der Pisten	32 % mittelschwer 36 % Fortgeschrittene 32 % Experten
Gesamtfläche der Pisten	420 Hektar
Schwierigkeitsgrad der »Back Bowls«	36 % Fortgeschrittene 64 % Fortgeschrittene bis Experten
Gesamtfläche der »Back Bowls«	1 000 Hektar
Skisaison	letzte Novemberwoche – dritte Aprilwoche
Adresse	Vail Associates Inc. P.O. Box 7 Vail, Colorado 81658 Tel.: (303) 476-5601

UNTERBRINGUNG

20 000 Urlauber finden in einem Sieben-Kilometer-Umkreis von Vail Village Unterkunft. Teuer heißt in Vail 200 bis 1 000 Dollar pro Nacht. Die mittlere Preislage beginnt ab 125 Dollar für ein Doppelzimmer. Und ein billiges Zimmer kostet immer noch mindestens 85 Dollar. Ein Ort für Sparsame ist Vail also nicht. Oft gibt es aber gute Pauschalangebote der Fluggesellschaften.

Hotels und Wohnungen der Luxusklasse

The Lodge at Vail: liegt im Zentrum von Vail Village und nahe den Liften. 162 Räume und Wohnungen. Pool, Sauna, Jacuzzi sowie ein erstklassiges Frühstück sind im Preis inbegriffen. Doppelzimmer ab 295 Dollar pro Nacht.
174 East Gore Creek Dr. Tel.: (303) 476-5011

Marriot's Mark Resort: Zimmer sowie Wohnungen nur 200 Meter von der Gondel entfernt. Fitneßclub, Aufenthaltsräume, Racquetballplätze, Pool und Tagungsräume.
715 W. Lionshead Circle. Tel.: (303) 476-4444

Sonnenalp Hotel: erstklassiges Hotel mit alpinem Charme. Von der deutschen Familie Fässler geführt. Mitten in Vail Village. Sehr gutes Frühstücksbüfett.
20 Vail Rd. Tel.: (303) 476-5081

Gasthof Gramshammer: Schwarzwald-Hotel, das dem Altstar Pepi Gramshammer gehört. Liegt an der Kreuzung in Vail Village.
231 East Gore Creek Drive. Tel.: (303) 476-5626

The Westin Hotel: im Cascade Village direkt am neuen Vierer-Sessel. Im Haus ist das Gourmetrestaurant **Alfredo's.** Zwei Pools unter freiem Himmel. Tennis- und Racquetballplätze sowie Fitneßclub.
1300 Westhaven Dr. Tel.: (303) 476-7111

Hotels der mittleren Preisklasse

Black Bear Inn: kleines Bed & Breakfast. Zwölf rustikale Doppelzimmer ab 105 Dollar.
2405 Elliot Road. Tel.: (303) 476-1304

L'Ostello: wurde 1991 total renoviert. Nur 100 Meter von den Lionshead-Liften. 50 Zimmer, Konferenzräume, Fitneßclub, Pool und Jazz-Lounge.
705 Lionshead Circle. Tel.: (303) 476-2050

Mountain House: mitten in Vail Village, nur zwei Blocks von den Liften. Luxuriöse Zimmer und Wohnungen. Beheizter Pool im Freien, Masseur, Sauna und Jacuzzi.
292 E. Meadow Dr. Tel.: (303) 476-2434

Lion Square Lodge: 90 Wohnungen und 28 Zimmer, nur 25 Meter von der Gondel. Restaurant, beheizter Pool und Jacuzzi im Haus.
660 W. Lionshead Pl. Tel.: (303) 476-2281

Günstige Unterkünfte

Days Inn: Etwa drei Kilometer von den Lionshead-Liften. Pendelbusbenutzung ist frei. Inklusive Fitneßclub, Pool und Sauna.
2211 N. Frontage Rd.

Holiday Inn at Vail: 120 Hotelzimmer und 21 Wohnungen. Etwa 300 Meter von der Vista Bahn entfernt. Zwei Restaurants im Haus.
13 Vail Rd. Tel.: (303) 476-5631

Best Western Vailglo Lodge: In der Nähe der Einkaufsmeile und 300 Meter von der Gondel. 34 Zimmer, die der amerikanische Automobil-Club AAA mit drei Diamanten ausgezeichnet hat.
701 W. Lionshead Circle. Tel.: (303) 476-5506

RESTAURANTS

Mehr als 115 Restaurants sorgen dafür, daß in Vail niemand hungrig ins Bett oder auf die Piste muß. Die Preise sind hoch. Die außergewöhnliche kulinarische Erfahrung allerdings, die man in Orten wie Steamboat, Aspen oder Deer Valley in einer ganzen Reihe von Restaurants erleben kann, sucht man in Vail vergeblich.

Frühstück

Wer nicht in einem der teuren Hotels wohnt und somit kein tägliches Frühstücksbüfett bekommt, dem seien die folgenden beiden preiswerten Frühstückslokale empfohlen:

Blu's Ltd: alles, was man aus Eiern machen kann, und erstklassige Sandwiche. Auch zu Mittag und abends empfehlenswert.
193 East Gore Creek Drive. Tel.: (303) 476-3113

Vail Village Inn Pancake House: witziges 50er-Jahre-Dekor und reichhaltiges Frühstücksangebot. Die Eggs Benedict sind spitze.
68 S. Frontage Rd. Tel.: (303) 476-2207

Pistenlunch

Attraktion am Gipfel des China Bowl war in der vergangenen Saison das neu eröffnete **Two Elk**, ein Gipfel-Restaurant der ganz anderen Art. Das Dekor erinnert an die Kultur der Ute-Indianer.

Und die Gerichte? Nun, die Pizza ist hier aus Maismehl mit Wildsalami, Tomaten, Ziegenkäse und Salbei zubereitet, und auf dem Sauerteig-Sandwich liegt geröstetes Lammfleisch, um nur einige der ungewöhnlichen Mittagssnacks zu nennen. Zusammen mit einer erstklassigen Salatbar ist das Angebot im Two Elk eine angenehme Abwechslung vom Einerlei der anderen Berg-Cafeterias. **Mid-Vail** bietet Gegrilltes im Freien – wenn das Wetter mitspielt. **Eagle's Nest, Golden Peak** bieten die üblichen Snacks wie Hamburger und Pizza. **Far East Shelter** am Lift 14 und **Wildwood Shelter** am Lift 3 sind gut für eine ganz schnelle Stärkung. Wer mehrere Gänge und aufmerksamen Service schon mittags braucht, der bestellt in **The Cook Shack** (Nouvelle cuisine, teuer) oder in der **Wine Stube** (internationale Küche) am Eagle's Nest einen Tisch.

Abendessen

L'Ostello: anspruchsvolle norditalienische Küche. Die Tageszeitung *Denver Post* gab dem Restaurant fünf Sterne.
705 Lionshead Circle. Tel.: (303) 476-2050

Tyrolean Inn: Wildspezialitäten.
400 East Meadow Dr. Tel.: (303) 476-2204

Ambrosia's: französische Gourmetküche in ländlicher Atmosphäre. Unbedingt Tisch reservieren.
17 East Meadow Dr. Tel.: (303) 476-1964

KB Ranch Co.: Fisch, Steaks und Pasta. Moderate Preise. Außerdem gibt's hier die größte Salatbar von Vail.
660 Lionshead Pl. Tel.: (303) 476-1937

Lancelot: die besten Prime Ribs am Ort. Nicht billig.
201 Gore Creek Dr. Tel.: (303) 476-5828

Alfredo's: norditalienische Küche in eleganter Atmosphäre. Sonntags gibt es hier einen exzellenten Brunch.
1300 Westin Dr. Tel.: (303) 476-3111

APRÈS-SKI UND NIGHTLIFE

Après-Ski und Nachtleben konzentrieren sich in Vail um das Village und in Lionhead. Pflichtprogramm nach einem langen Skitag ist ein Abstecher in **Pepi's Bar** (231 East Gore Creek Dr.). Wem österreichische Volksmusik nicht zusagt, der trinkt seine Cocktails bei **Mickey's** (174 East Gore Creek Dr., in der Lodge), dem richtigen

Après-Ski-Spot für Zeitgenossen, die sich lieber zu Piano- als zu Zithermusik entspannen.

Wilde Tanznächte kann man in Vail an jedem Abend der Woche erleben. Manchmal zu Live-Musik, gelegentlich auch zu Konserven. Die besten Clubs heißen:

Nick's (228 Bridge Street): Rock- und Pop-Musik vom Plattenteller. Bei den Einheimischen beliebt.

Sundance Saloon (675 Lionshead Circle): eine urige Bar mit den besten Drinks am Ort. Immer voll mit Einheimischen. Live-Country-Rock jeden Freitag und Samstag. Pooltische für Nichttänzer.

Sheikas (im Keller des Gasthof Gramshammer): ist eine Szene-Disco mit Live-Popbands.

Cyrano's (Bridge Street): Hier spielen allabendlich Live-Bands. Musik von Rock bis Reggae.

BEAVER CREEK – FAKTEN

Gipfel	3 489 Meter
Talstation	2 470 Meter
Höhenmeter	1 018 Meter
Längste Abfahrt	4 420 Meter
Schneefall	838 Zentimeter
Lifte	10 Sessellifte
Schwierigkeitsgrad der Pisten	18 % für Anfänger 39 % mittelschwer 43 % Fortgeschrittene
Gesamtfläche der Pisten	420 Hektar
Skisaison	letzte Novemberwoche – dritte Aprilwoche
Adresse	Beaver Creek Resort Box 915 Beaver Creek, CO 81620 Tel.: (303) 949-5750

UNTERBRINGUNG

Wer in Beaver Creek direkt an den Pisten wohnen will, muß dafür bezahlen. 300 bis 500 Dollar pro Nacht kosten die Doppelzimmer direkt am Berg. Wer in Avon, wenige Meilen von Beaver Creek und etwa 20 Minuten von Vail entfernt, absteigt, kann Zimmer auch schon für 110 Dollar und Wohnungen bereits ab 170 Dollar finden.

Hotels und Wohnungen der Luxusklasse

The Charter Lodge: direkt am Fuß von Beaver Creek Mountain. Die luxuriösen Zwei- und Drei-Zimmer-Wohnungen sind allesamt mit offenem Kamin ausgestattet und haben einen Balkon. Beheizter Pool im Freien sowie Hallenbad, Fitneßclub und Sauna.
120 Offerson Road. Box 5310. Tel.: (303) 946-6660

Hyatt Regency Hotel: 298 Zimmer und Suiten. Fitneßclub sowie ein großes Restaurant. Ungewöhnlich am Regency ist das Singles-Programm: Wer allein reist, kann sich einen Partner vermitteln lassen, um so den Preis, der immer für eine Doppelbelegung gilt, zu halbieren.
Village Plaza. Tel.: (303) 949-1234

The Inn at Beaver Creek: Kleines, intimes Hotel mit 45 Zimmern, nur wenige Schritte von den Liften entfernt. Pool, Jacuzzi, Dampfbad und Sauna.
10 Elk Trak Lane. Tel.: (303) 845-7800

Park Plaza: im Herzen des Village Plaza. Zwei- und Dreizimmer-Wohnungen mit vollem Hotelservice. Frühstück ist im Preis inbegriffen. Mittleres und günstiges Preisniveau.
46 Avendale Lane. Tel.: (303) 845-7700

RESTAURANTS

Frühstück

McCoys: Cafeteria-Frühstück an der Talstation mit einer enormen Auswahl von Kaffeesorten.

Terrace: Hübsches Familienrestaurant in der Charterlodge. Ideal für ein großes Frühstück.
120 Offerson Road. Tel.: (303) 946-6660

Pistenlunch

Spruce Saddle Lodge: Cafeteria an der Mittelstation am Berg.

Rafters: Elegantes Restaurant an der Mittelstation. Erstaunlich große Weinliste.

Abendessen

Legend's: bekannt für eine große Auswahl exzellenten Fisches, der jeden Tag frisch eingeflogen wird. Reservierungen erforderlich.
In der Poste Montane Lodge im Village.
Tel.: (303) 949-5540

Mirabelle: bei weitem das beste Restaurant von Beaver Creek. Französische Küche, in einem stimmungsvoll restaurierten viktorianischen Farmhaus serviert. Kreditkarten werden nicht akzeptiert.
55 Village Road, Avon. Tel.: (303) 949-7728

LeRoy's: Burger, Steaks und Mexikanisches in lockerer Atmosphäre. Moderate Preise.
Im Park Plaza im Village. Tel.: (303) 949-5750

Golden Eagle Inn: Tiroler Spezialitäten. Wer zu Hause essen will, kann sich die Mahlzeiten aus dem Golden Eagle Inn auch bringen lassen.
Unten in der Village Hall. Tel.: (303) 949-1940

APRÈS-SKI UND NIGHTLIFE

McCoy's ist Beaver Creeks »Happy-Hour«-Treff für den ersten Drink nach einem anstrengenden Pistentag. Die Nächte in Beaver Creek sind eher von der ruhigen Art und finden vor dem offenen Kaminfeuer statt.

Wer Live-Musik hören will, geht in den **Drinkwater Park** in die Village Hall und hat dort die Auswahl zwischen 100 verschiedenen Sorten Bier. Alle anderen Bars von Beaver Creek sind in der Regel so ruhig, daß Nachtschwärmer mit einem Sinn für Action unweigerlich in Vail landen. Das ist auch kein Problem, denn private Limousinen stehen allen Urlaubern in Beaver Creek nach 17 Uhr gratis zur Verfügung.

WIE MAN HINKOMMT

Vail und Beaver Creek liegen im White River Nationalwald etwa 160 Kilometer westlich von Denver. Fast alle größeren US-Fluglinien pendeln zwischen Denver und dem Vail/Eagle Mountain Airport 35 Meilen westlich von Vail an der Interstate 70. Die Fahrt vom Vail/Eagle Mountain Airport nach Vail dauert 45 Minuten und kostet 18 Dollar.

Wer vom Denver Stapelton Airport mit einem Bus nach Vail fahren will, bezahlt dafür etwa 30 Dollar. Die Fahrt dauert $2^1/2$ Stunden. Die Tickets kauft man direkt am Flughafen von Denver. Die Kleinbusse von Resort Express, Colorado Mountain Express, Vans to Vail etc. sind alle in gutem Zustand und sehr bequem. An Tagen mit unsicheren Wetterverhältnissen empfiehlt sich die Fahrt mit dem Bus allemal.

Summit County

Acht Skiberge, 54 Lifte, 250 Pisten und 2 000 Hektar Skiterrain: Summit County, etwa 130 Kilometer westlich von Denver, prahlt gerne mit Superlativen. Zu Recht, denn die Region ist die Heimat von gleich vier erstklassigen Skigebieten, die durch einem Pendelbus miteinander verbunden sind.

Jedes der vier Gebiete Breckenridge, Copper Mountain, Keystone und Arapahoe Basin hat einen ganz eigenen Charakter. Der Reiz dieser Region liegt darin, daß alle vier Skiorte nur eine Busfahrt voneinander entfernt liegen. So kann man am Montag gemächlich auf den Pisten von Copper Mountain kreuzen, sich am Dienstag auf den baumlosen Hängen von Arapahoe austoben, am Mittwoch die Peaks von Breckenridge entdecken und sich am Donnerstag in Keystones »Outback« tummeln.

Summit County: vier Spitzengebiete in unmittelbarer Nachbarschaft.

Wer um vier Uhr immer noch nicht genug hat, kann in Keystone bis 22 Uhr bei Flutlicht skifahren. Einmalig in Colorado.

Alle vier Gebiete geben sowohl einzelne Liftpässe als auch einen gemeinsamen »Ski the Summit«-Liftpaß heraus. Auch Helikoptertrips sind in Summit County möglich:

Colorado Heli-Skiing
P.O. Box 64, Frisco, CO 80443.
Ski the Summit
Box 267, Dillon, CO 80435
Tel.: (303) 468-6607

Breckenridge

Die große Blonde mit dem Cowboyhut, dem weißen Pelzmantel und den passenden Après-Ski-Stiefeln – die trifft man in Breckenridge selten. Verglichen mit seinen High-Society-Nachbarn Vail und Aspen ist das ehemalige Gold- und Silberschürferdorf ein ruhiges Urlaubsziel.

Statt abenteuerlustiger Singles trifft man in Breckenridge vorzugsweise Familien, die in den komfortablen Wohnungen am Fuße der drei Skiberge absteigen. Das ist auch nicht verwunderlich, denn das Kinderskiprogramm von Breckenridge genießt hohes Ansehen, und die zahlreichen lebendigen Restaurants und Kneipen sind weder besonders ausgefallen noch ausgesprochen teuer.

Optisch ist Breckenridge ein Skiort mit gespaltener Persönlichkeit. Auf der einen Seite bis zu achtstöckige Hochhäuser, die es wie eine Betonlawine an den Fuß der Skiberge geschwemmt hat. Andererseits eine zauberhafte Altstadt mit über 254 restaurierten viktorianischen Lebkuchenhäusern, die allesamt unter Denkmalschutz stehen und Zeugen der wechselhaften Geschichte von Breckenridge sind: Die Entdeckung von Colorados größtem Goldnugget (mehr als sechs Kilo) in den 80er Jahren des vergangenen Jahrhunderts haben sie genauso miterlebt wie die Schließung der letzten Minen nach dem zweiten Weltkrieg. Damals wanderte der Name Breckenridge auf die lange Liste der »Geisterstädte« von Colorado.

Mit der Eröffnung der Breckenridge Ski Area begann 1961 die Wiedergeburt des ehemaligen Goldgräberdorfes. Statt Glücksritter auf der Suche nach Reichtum kommen nun seit etwa drei Jahrzehnten Skifahrer aus aller Welt nach Breckenridge, um ihr Glück im Pulverschnee zu finden. Der weiße Rausch hat den Goldrausch vergessen lassen.

Ursprünglich ein erstklassiges Gebiet für Anfänger und durchschnittliche Skifahrer hat Breckenridge in den letzten Jahren zunehmend Terrain für Fortgeschrittene und Abenteuerlustige erschlossen. Die »Back Bowls« am Peak 8 und die Nordseite von Peak 9 und Peak 10 sind anspruchsvolle Hänge, auch wenn sie mit den spektakulären

Gefällen von Crested Butte oder Jackson Hole nicht konkurrieren können. Nur die mit zwei schwarzen Diamanten ausgezeichneten Pisten sind an europäischen Maßstäben gemessen wirklich schwierig.

Echte Oberschenkel- und Wadenbrenner sind die vier Steilhänge unterhalb von Lift 4. Und Könnern, die einen kurzen Aufstieg zu Fuß nicht scheuen, bietet der »Imperial Bowl« mehr als einen Adrenalinstoß.

Doch vorwiegend erschließen die 16 Lifte von Breckenridge Terrain für Freizeitskiläufer mit weniger sportlichen Ambitionen. Ein Viertel des Berges ist dabei so flach, daß selbst Ängstliche ihren Skitag mit einem Erfolgserlebnis beenden können. Der flache und lange Auslauf der Pisten zur Talstation mag fortgeschrittene Skiläufer jedoch einige Nerven kosten, besonders weil es Querverbindungen zwischen Peak 7, Peak 8 und Peak 9 nur wenige gibt und man ständig ganz abfahren muß, um von Berg zu Berg zu wechseln.

Ein Grund für die Popularität von Breckenridge (unter den US-Skigebieten liegt es an dritter Stelle, was die Zahl der Urlauber betrifft) ist die Vielfalt des Angebotes: Breckenridge hat sich im Laufe der letzten Jahre zum Zentrum für eine Reihe von Spezialdisziplinen entwickelt: Snowboarding, Freestyle, Ballett und Kunstspringen haben hier eine Heimat gefunden und werden in der örtlichen Skischule unterrichtet. Außerdem im Programm: Buckelpisten- und Rennlauf-Workshops, Skifahren für Behinderte, spezielle Frauenkurse, Langlauf und natürlich Helikopter-Skiing mit »Colorado Heli-Ski«.

Doch es ist nicht nur der Wintersport, der jede Saison Tausende in die alte Goldgräberstadt zieht. Die Wildwest-Atmosphäre des historischen Stadtkerns geht so manchem Europäer ans Herz. Besonders die Engländer scheinen Breckenridges Charme in den vergangenen Jahren entdeckt zu haben.

Im Jahr 1860 als erste Gemeinde im Westen Colorados gegründet, wurde der Ort aus ganz praktischen Gründen nach dem damaligen Vize-Präsidenten John Cabell Breckenridge benannt: Die Stadtväter hofften, auf diese Weise schnell zu einer Poststation zu kommen. Die Einwohner damals:

Per Pferdekutsche durch die viktorianische Altstadt von Breckenridge.

8 000 Goldschürfer und eine Frau. Die ersten öffentlichen Gebäude waren Saloons. Nicht selten fungierte da der Barkeeper auch als Arzt.

Die 1870 als »Bradley's Saloon« eröffnete »Gold Pan Bar« an der North Main Street ist eine dieser alten Kneipen, die die Jahre schadlos überstanden hat. Bier und Burger sind billig, und abends kann man hier außer Skiläufern richtige Goldgräber treffen, die immer noch daran glauben, einmal im Leben den Riesen-Gold-Nugget zu finden.

BRECKENRIDGE – FAKTEN

Gipfel	3 977 Meter
Talstation	2 929 Meter
Höhenmeter	1 223 Meter
Längste Abfahrt	4 800 Meter
Schneefall	647 Zentimeter
Lifte	13 Sessellifte, 2 Schlepper
Schwierigkeitsgrad der Pisten	20 % Anfänger 31 % mittelschwer 49 % Fortgeschrittene und Experten
Gesamtfläche der Pisten	640 Hektar
Skisaison	Mitte November – Mitte April
Adresse	Breckenridge Ski Resort Box 1058 Breckenridge, Colorado, 80424 Tel.: (303) 453-2368

UNTERBRINGUNG

Die meisten Wohnungen und Apartments liegen direkt an den Liften. Fußwege sind kurz. Den Pendelbus benutzt nur, wer im Stadtkern wohnt oder einen Ausflug Richtung Copper Mountain oder Keystone macht. Ultrateure, superluxuriöse Absteigen, wie man sie in Deer Valley und Vail die Fülle findet, sucht man in Breckenridge vergebens.

Hotels und Wohnungen der Luxusklasse

The Village at Breckenridge: Apartmentkomplex zwischen dem Ufer des Blue River und der Liftstation des Peak 9. In Plaza 1, 2 und 3 befinden sich die geräu-

migsten Wohnungen. Benutzung des Fitneßclubs, Frei- und Hallenbads, Jacuzzis, Sauna und der Racquetballplätze ist im Preis inbegriffen. In der Hauptsaison muß man zwischen 110 und 140 Dollar pro Person und Übernachtung rechnen.
535 South Park Street. Tel.: (303) 453-2000

Beaver Run: Wohnungskomplex direkt am Mercury- und Quicksilver-Sessellift. **Spencer's Restaurant,** die Disco **Tiffany's** und **Copper Top,** ein beliebter Après-Ski-Treff, befinden sich im Haus. Sieben heiße Jacuzzis, zwei Swimmingpools und ein Spielraum für Kinder, die genug vom Skifahren haben, machen Beaver Run zu einem beliebten Quartier. Skiurlauber mit kleinen Kindern zwischen ein und drei Jahren können ihre Sprößlinge in der Kinderhütte abgeben. Apartments mit zwei Schlafzimmern für vier Personen kosten während der Hauptsaison etwa 295 Dollar.
620 Village Road. Tel.: (303) 453-6000

The Breckenridge Hilton: 50 Meter von den Pisten am Peak 9 entfernt. Die Zimmer sind sehr geräumig. Swimmingpool, Whirlpool und Fitneßclub. Doppelzimmer in der Hauptsaison kosten etwa 140 Dollar.
550 Village Road. Tel.: (303) 825-3800

Hotels der mittleren Preisklasse

The River Mountain Lodge: Ein- und Zwei-Zimmer-Apartments im Zentrum von Breckenridge, nur ein paar Schritte von der Main Street entfernt. Der Ski-Bus hält direkt gegenüber.
Tel.: (303) 453-4711

Four O'Clock Lodge: im oberen Four Seasons Village. Nur ein Fußweg von den Pisten und der Altstadt entfernt. Ein- bis Drei-Zimmer-Apartments. Pool, Whirlpool, Sauna und Dampfbad.
535 Four O'Clock Road. Tel.: (303) 453-6228

Günstige Unterkünfte

Fireside Inn: ein restauriertes viktorianisches Haus mitten im Ort. Wer richtig billig Urlaub machen will, kann sich hier einen Schlafraum mit sechs anderen Urlaubern teilen. Garantiert wird ein eigenes Bett und eine Dusche jeden Abend. 21 Dollar kostet die Übernachtung plus vier Dollar für ein Frühstück mit Eiern und Speck, ein Doppelzimmer in der Hochsaison 75 Dollar.
114 French Street. Tel.: (303) 453-6456

RESTAURANTS

Ein Feinschmeckerzentrum wie Steamboat oder Aspen ist Breckenridge nicht. Gut essen kann man in den Restaurants des Ortes dennoch. Und die Preise sind moderat.

Frühstück

The Prospector: die besten Huevos Rancheros westlich des Mississippi.
130 South Main Street. Tel.: (303) 453-6858

Jeremiah's: herzhaftes Frühstück und selbstgemachte Eiscreme.
325 Main Street.

Copper Top: Eier, Speck und Muffin für etwas mehr als zwei Dollar. Im Beaver-Run-Komplex.

Abendessen

Downstairs at Eric's: Pizza und Spaghetti wirklich billig.
111 South Main Street. Tel.: (303) 453-1401

Breckenridge Cattle Company: erstklassige Steaks und enorme Weinkarte. Zauberhafte Aussicht auf den Maggie Pond. Nicht billig.
Ecke Main Street und South Park Road.
Tel.: (303) 453-2000

St. Bernard Inn: norditalienische Spezialitäten. Das mit Abstand beste italienische Restaurant in Breckenridge. Nicht billig. Reservierung erforderlich.
103 South Main Street. Tel.: (303) 453-2572

Briar Rose: Wildspezialitäten, erstklassige »Prime Ribs« und Fischgerichte.
208 North Ridge Street. Tel.: (303) 453-9948

Fatty's: die älteste Pizzeria des Ortes. Beliebt bei Einheimischen. Moderate Preise.
106 North Ridge Street. Tel.: (303) 453-9802

Poirrier's Cajun Cafe: authentische Cajun-Spezialitäten aus Lousiana. Scharf!
224 South Main Street. Tel.: (303) 453-1877

APRÈS-SKI UND NIGHTLIFE

Tiffany's und **Copper Top** im Beaver-Run-Komplex sind Breckenridges Après-Ski-Treffs für den ersten Drink, nachdem die Lifte abgeschaltet sind.

Margaritas literweise gibt's im **Mi Casa** gegenüber der Talstation des Peak-9-Lifts.

Auch nach dem Abendessen trifft man sich bei **Tiffany's:** eine Rock'n'Roll-Disco für lange durchtanzte Nächte, direkt am Berg. Die größere Auswahl in Sachen Nightlife findet man im historischen Kern von Breckenridge. Spätestens nach dem Abendessen wandern die Nachtschwärmer in den Ortskern. **The Mogul** (109 Main Street) hat Live-Musik und ist der angesagte Club der Jungen und Wilden. Eine Nacht im **Shamus O'Toole's** (115 Ridge Street) gehört zum Pflichtprogramm in

Breckenridge: viele Einheimische, gute Live-Musik und Bärenstimmung. Desgleichen im **Horseshoe II**, wo man auch gut essen kann. Das letzte Bier der Nacht trinkt man in der **Gold Pan** (150 North Main Street), der ältesten Bar westlich des Mississippi. Zu Wildwestzeiten war dies der heißeste Saloon der Region. Die 100 Jahre alte Bar ist ein Traum.

WIE MAN HINKOMMT

Breckenridge liegt 135 Kilometer westlich von Denvers Stapelton Flughafen. Die Fahrt mit den regelmäßig pendelnden Kleinbussen von Resort Express dauert 90 Minuten. In Breckenridge selbst braucht man kein Auto. Ein Stadtbus verbindet alle Ortsteile miteinander. Ein Pendelbus fährt nach Keystone, Copper Mountain und Arapahoe Basin.

Keystone, Copper Mountain, Arapahoe

Wer in Breckenridge Urlaub macht, bekommt im Skipaß gleich drei weitere Skigebiete mitgeliefert, die sich durchaus sehen lassen können und mit einem Pendelbus leicht erreichbar sind. Als Reiseziel eignen sich Keystone und Copper Mountain jedoch nur für Urlauber, die auf Atmosphäre und weites Gelände verzichten können. Denn in den am Reißbrett entstandenen Orten Keystone und Copper Mountain ist der Service zwar perfekt, die Wildweststimmung hat man bei der Planung dieser modernen Ski-Resorts jedoch nicht mit eingebaut. Auch dem Gelände fehlt ein wenig der Biß, obwohl beide Orte in den vergangenen Jahren viel investiert haben, um auch sportlichere Skifahrer glücklich zu machen.

Beide Gebiete gelten seit langem als erstklassige Berge für Anfänger und Skifahrer mittleren Könnens. In den vergangenen Jahren aber hat sich hier einiges getan. Keystone hat mit dem Outback Express-Lift 300 Hektar Könnerterrain erschlossen, das fast ausnahmslos über der Baumgrenze liegt und auch fortgeschrittenen Skifahrern Spaß macht. Dennoch werden Skiläufer mittleren Könnens, die perfekt gepflegte Pisten lieben und die wirklich alpine Erfahrung scheuen, in Keystone mehr Spaß haben als solche, die im Skiurlaub eine Herausforderung suchen.

Der Ort selbst ist um einen See gebaut und funktioniert perfekt: Kindertageszentrum, Schneekanonen, die nahezu 100 Prozent der Hänge abdecken, das größte amerikanische Eislaufzentrum unter freiem Himmel, Busse, die die Urlauber an jede nur erdenkliche Ecke bringen. Keystone, das bedeutet Service in Großbuchstaben. Wo immer man hinkommt, wird man mit einem Lächeln empfangen.

Erschwingliche Preise, der perfekte Service und die Nähe zu Denver haben den Ort trotz seines Mangels an authentischem Westernflair zu einem Riesenerfolg unter den US-Gebieten gemacht.

Wem das Terrain von Keystone nach drei Tagen zu

Auch im modernen Keystone beliebt: die romantische Fahrt mit der Pferdekutsche.

milde und freundlich sein sollte, der hat nur sieben Kilometer entfernt mit Arapahoe Basin ein zweites Skigebiet zur Hand, das schon so manchen Spezialisten aus der Fassung gebracht hat. Die Lifte führen bis auf 3 993 Meter in baumfreies Terrain hinauf, das aufgrund seiner Lage nicht selten von heulenden Winden und frostigen Temperaturen heimgesucht wird. Wem Wind und Wetter nichts anhaben können, findet in Arapahoe Basin an der Ostwand supersteile Hänge, die keinen Wunsch unerfüllt lassen. Die Saison beginnt spät, denn aufgrund des felsigen Terrains liegt in Arapahoe Basin meist erst ab Januar eine geschlossene Schneedecke, die dann aber oft bis Mitte Juni ausreicht. Hotels und Wohnungen gibt es im A-Basin nicht.

Copper Mountain ist ein mit Keystone vergleichbares Retortendorf – etwa eine halbe Stunde von Breckenridge entfernt. Das Skigebiet wurde 1972 in Betrieb genommen und ist so klug geplant, daß der amerikanische Automobil-Clubs AAA es in den vergangenen Jahren immer wieder mit seinen vier Diamanten ausgezeichnet hat.

Auch der Berg scheint am Reißbrett entworfen – unterteilt in Zonen für Anfänger, mittlere und fortgeschrittene Skiläufer. Auch in Copper Mountain hat man sich in den vergangenen Jahren bemüht, schwierigeres Gelände zu erschließen, was am Spaulding Bowl auch gelungen ist. Die vier Pisten, die zur Talstation des Resolution-Lifts führen, vermögen selbst gute Läufer aus der Puste zu bringen.

Wer einen authentischen Saloon oder eine Wildwestbar im Rocky-Mountain-Urlaub erwartet, ist in Copper Mountain falsch, denn viel Atmosphäre findet man auch hier nicht. Alleinreisende wird interessieren, daß in Copper Mountain der einzige Winter-Club Med Nordamerikas operiert, der seine Türen von Mitte Dezember bis Mitte April geöffnet hat.

Snowboards sind in Keystone grundsätzlich nicht erlaubt. In Arapahoe steht »Shreddern« der gesamte Berg und eine Halfpipe zur Verfügung. Dasselbe gilt für Copper Mountain.

KEYSTONE – FAKTEN

Gipfel	**3 654 Meter**
Talstation	**2 836 Meter**
Höhenmeter	**714 Meter**
Längste Abfahrt	**584 Zentimeter**
Lifte	**13 Sessellifte, 3 Schlepper, 2 Gondelbahnen**
Schwierigkeitsgrad der Pisten	**9 % Anfänger 59 % mittelschwer 32 % Fortgeschrittene**
Gesamtfläche der Pisten	**441 Hektar**
Skisaison	**Mitte November – Juni**
Adresse	**Keystone Resort Box 38 Keystone, CO 80435 Tel.: (303) 468-2316**

COPPER MOUNTAIN – FAKTEN

Gipfel	3 770 Meter
Talstation	2 928 Meter
Höhenmeter	841 Meter
Längste Abfahrt	4 500 Meter
Schneefall	648 Zentimeter
Lifte	16 Sessellifte, 4 Schlepper
Schwierigkeitsgrad der Pisten	23 % Anfänger 36 % mittelschwer 41 % Fortgeschrittene
Gesamtfläche der Pisten	532 Hektar
Skisaison	Mitte November – Ende April
Adresse	Copper Mountain Resort Association Box 3001 Copper Mountain, CO 80443 USA Tel.: (303) 968-2882

ARAPAHOE BASIN – FAKTEN

Gipfel	3 289 Meter
Talstation	3 993 Meter
Höhenmeter	695 Meter
Längste Abfahrt	2 400 Meter
Schneefall	914 Zentimeter
Lifte	5 Sessellifte
Schwierigkeitsgrad der Pisten	10 % Anfänger 50 % mittelschwer 40 % Experten
Gesamtfläche der Pisten	196 Hektar
Skisaison	Mitte November – Juni

Keystone:

UNTERBRINGUNG

Keystone hat zahllose Apartments in allen Kategorien, insgesamt allerdings nur zwei Hotels. Die **Keystone Lodge**, 22010 Higway 6. P.O. Box 38. Keystone, CO, 80435, Tel.: (303) 468-2316, in der sich auch die wichtigsten Restaurants sowie ein Konferenzzentrum befinden, ist ein modernes Hotel, das allen Ansprüchen genügt.

Skiurlauber, für die Atmosphäre ein wichtiger Teil des Skiurlaubs ist, sind in der **Ski Tip Lodge**, Montezuma Road, Keystone, CO, 80435, Tel.: (303) 468-4202, richtig aufgehoben. Die Lodge ist eine wunderhübsche, rustikale Gästeranch, versteckt im Wald, drei Kilometer von Keystone. In den Zimmerpreisen sind ein herzhaftes Frühstück und ein erstklassiges Abendessen eingeschlossen. Das Doppelzimmer kostet während der regulären Saison bei Doppelbelegung 110 Dollar pro Person.
Alle Reservierungen über:
Keystone Central Reservations
Box 38, Keystone, CO 80435
Tel.: (303) 468-4242

Zu den besten Apartmentkomplexen direkt um den Keystone Lake zählen: **Argentine, Plaza, Mall, Edgewater** und **Lakeside**. Die Wohnungen liegen alle im Ortskern und mit dem Pendelbus etwa zwei Minuten von den Liften entfernt. Auf der Ostseite des Sees, zwei Minuten Fußweg zum Ortskern, befinden sich die Komplexe **Willows, Decatur, Montezuma** und **Lenawee**. Alle genannten Apartments zählen zur Kategorie teuer und luxuriös. Ein Studio für zwei Personen kostet von 150 Dollar an aufwärts, Wohnungen mit vier Schlafzimmern bis zu 600 Dollar pro Nacht.

Etwas günstiger und einen Fußweg von fünf Minuten zum Ortskern entfernt sind die Komplexe **Pines** (sehr empfehlenswert), **Soda Spring, Quicksilver** und **St. John** (phantastische Ausblicke). Preise ab 125 Dollar für ein Studio, bis zu 500 für eine Wohnung mit vier Schlafzimmern.

RESTAURANTS

Frühstück

Edgewater Cafe: alles, was die klassische amerikanische Frühstückskarte bietet. Erstklassige Omelettes und Bratkartoffeln (Home Fries).
In der Keystone Lodge. Tel.: (303) 468-4127

Pistenlunch

Keystone hat eine ganze Reihe von Cafeterias und Restaurants am Berg. Darunter **Gassy's** am Fuße des Keystone Mountain sowie der **Greatest Crepe Wagon**, der, wie der Name schon sagt, die richtige Adresse für superklasse Crèpes ist.

Das **Summit House**, Tel.: (303) 468-4130, am Gipfel des Keystone Mountain ist eine mehrstöckige Cafeteria, an schönen Tagen gibt es Mittagessen vom Grill auf dem Sonnendeck. Für spektakuläre Gaumenfreuden, gekoppelt mit unvergleichlichen Ausblicken, sei die **Alpenglow Stube** empfohlen, am Gipfel des North Peak auf 3 500 Metern. Tel.: (303) 461-4132 (Reservierung erforderlich). Auch als Dinneradresse erste Klasse.

Abendessen

Ski Tip Lodge: drei Kilometer östlich von Keystone Village gelegen. Urgemütliche Atmosphäre. Herzhafte Speisen. Nicht versäumen! Reservierung erforderlich.
Montezuma Road. Tel.: (303) 468-4202

The Keystone Ranch: kalifornisch beeinflußte Gourmetküche in Ranchatmosphäre. Überraschend gut. Menüs mit bis zu sechs Gängen (54 Dollar). Empfehlenswert. Unbedingt reservieren.
Am Golfplatz. 1239 Keystone Ranch Road.
Tel.: (303) 468-4161

Bighorn Steakhouse: Steaks, frischer Fisch, große Salatbar und herzhafte Suppen. Moderate Preise. Oft lange Warteschlangen.
In der Keystone Lodge. Tel.: (303) 468-2316

Der Fondue Chessel: Fonduerestaurant im Summit House am Gipfel des Keystone Mountain. Nur zwischen 17 und 21 Uhr geöffnet. Wer will, kann nach dem Essen abfahren oder in Ruhe mit der Gondel zurück ins Tal. Tel.: (303) 468-4130

Last Chance Saloon: gute Pizza. Teenager-Crowd. Argentine Plaza, Keystone Village. Tel.: (303) 468-9501

APRÈS-SKI UND NIGHTLIFE

Mit Aspen oder Vail läßt sich das Nachtleben von Keystone nicht vergleichen. Wer jedoch gerne vor einem Kamin sitzt und an einem Glas Rotwein nippt und nicht unbedingt laute Bars und wilde Tanzschuppen im Skiurlaub braucht, ist hier richtig.

Die **Tenderfoot Lounge** in der Keystone Lodge, Tel.: (303) 468-2316, Anschluß 3741, bietet einen atemberaubenden Blick auf die Gore Range.

Die besten Adressen, um andere Skiurlauber kennenzulernen oder doch noch das Tanzbein zu schwingen, heißen: **Last Chance Saloon**, Argentine Plaza, Keystone Village, Tel.: (303) 468-9501 und **Snake River Saloon**, Tel.: (303) 468-2788.

WIE MAN HINKOMMT

Keystone liegt im Arapahoe Nationalwald etwa 90 Minuten westlich von Denver. Vom Denver International Airport geht es mit Minibussen (Resort Express, Tel.: (303) 468-7600, Hin- und Rückfahrt 62 Dollar, 13mal täglich) auf der Interstate 70 Richtung Westen, durch den Eisenhower Tunnel über den Loveland Paß.

Copper Mountain:

UNTERBRINGUNG

Der Ort hat etwa 2 800 Betten in 22 Hotels und Apartments sowie einen Club Méditerranée mit 225 Zimmern. Reservierung mit Ausnahme von Club Med über:
Copper Mountains Lodging Services
Box 3001, Copper Mountains, CO 80443
Tel.: 01 30 819 770 (Internationale Telefonnummer)

Im Preis für Wohnung oder Hotelzimmer ist eine Mitgliedschaft im Athletic Club eingeschlossen. Zum Angebot gehören: Schwimmbad, Jacuzzis, Dampfbäder, Tennisplätze und Krafträume.

East Village, West Village und Village Center sind die wichtigsten Wohngegenden von Copper. Ein Doppelzimmer im Hotel kostet etwa 100 bis 170 Dollar, ein Apartment mit einem Schlafzimmer zwischen 140 und 250 Dollar, ein Apartment mit zwei Schlafzimmern 220 bis 385 Dollar und eine Wohnung mit drei Schlafzimmern 280 bis 450 Dollar.

Erste Wahl bei den Apartments ist die **Spruce Lodge**; sie liegt sehr nahe an den Liften. Die **Telemark Lodge** im West Village mit ihrer kleinen Bar und dem offenen Kamin ist ein weiterer beliebter Apartmentkomplex.

Die Wohnungen im East Village sind ein wenig älter als die Wohnungen im Village Center, etwas billiger und mindestens genauso nahe an den Liften für Fortgeschrittene. Eine Anfängergruppe sollte hier allerdings nicht unbedingt absteigen, denn die Anfängerlifte sind auf der Westseite des Berges. Die besten und luxuriösesten Apartments im East Village heißen **Peregine** und **Anaconda**.

Der Club Med von Copper Mountain ist von Mitte Dezember bis Mitte April geöffnet. Buchungen über Club-Med-Reiseveranstalter oder:
Club Méditerranée
50 Beeler Place
Copper Mountain, CO 80443
Tel.: (303) 968-2161

Günstige Unterkünfte

Wer ein kleineres Budget hat, sollte sich ein Zimmer in einem der Motels von Frisco suchen. Empfehlenswert sind das **Sky Vue Motel**, 305 South Second Street, Tel.: (303) 668-3311, ca. 78 Dollar für ein Doppelzimmer. Oder in Dillon die **Tenderfoot Motor Lodge**, 22784 U.S. Highway 6, Tel.: (303) 468-2254. Busse verbinden Dillon und Frisco kostenlos mit Copper Mountain.

RESTAURANTS

Frühstück

The Clubhouse: Frühstücksbüfett für nur fünf Dollar pro Person. Abends auch gutes Fondue!
Am B-Lift, Tel.: (303) 968-2882, Anschluß 6514

O'Shea's: im Copper-Junction-Gebäude im Village Center; hat das beste Frühstücksbüfett im Umkreis.
Tel.: (303) 968-2882, Anschluß 6504

Pistenlunch

Solitude Station und **Center Cafeteria** heißen die Absteigen für ein Mittagessen am Berg. Die besten Hamburger gibt es im **B-Lift Pub** unten am B-Lift, **The Deli** im Mountain Plaza Building hat gute Sandwiche und Suppen, dasselbe gilt für **Vlasta's Pizza** am Snowbridge Square.

Abendessen

Rackets: Prime Ribs, Steaks, Fisch und Pasta plus eine enorme Salatbar.
Im Copper Mountain Racquet und Athletic Club.
Tel.: (303) 968-2882, Anschluß 6386

Farley's: Prime Ribs und Steakspezialitäten. Reservierung empfehlenswert.
104 Wheeler Plaza. Tel.: (303) 968-2577

Pesce Freso: das nobelste Restaurant in Copper Mountain. Erstklassige Fischgerichte!
Mountain Plaza. Tel.: (303) 968-2882, Anschluß 6505

The Copper Salon: T-Bone-Steaks und andere Wildwest-Spezialitäten zu moderaten Preisen.
Snowbridge Square. Tel.: (303) 968-2020

APRÈS-SKI UND NIGHTLIFE

Von 15 bis 17 Uhr ist im **B-Lift Pub** der Bär los – die beste Kneipe, um Leute kennenzulernen. Die meisten, die hier ihr erstes Bier nach einem Skitag trinken, sind auch echte Skifahrer. Das **B-Lift Pub** liegt am Zielhang des etwas schwierigeren Teils von Copper Mountain. Auch **O'Shea's** im Copper-Junction-Building ist ein guter Treff für einen ersten Drink sowie der angesagte Tanzschuppen nach dem Abendessen.

WIE MAN HINKOMMT

Copper Mountain liegt im Arapahoe Nationalwald 120 Kilometer westlich von Denver. Vom Stapelton International Airport geht es mit Minibussen (Resort Express, Tel.: (303) 468-7600, Hin- und Rückfahrt 62 Dollar) oder dem Mietwagen weiter. Auf der Interstate 70 fährt man Richtung Westen, durch den Eisenhower Tunnel bis zur Ausfahrt Nummer 195.

IDAHO

Sun Valley

Clint Eastwood, Brooke Shields, Bruce Willis, Demi Moore, Mariel Hemingway – die Liste der US-Stars, die ihren Winter in Sun Valley verbringen, ist lang und hat Tradition. Denn Amerikas erster Wintersportort (1936 eröffnet) war schon Zufluchtstätte des amerikanischen Glamoursets, als von Aspen oder gar Vail noch nicht die Rede war.

Gary Cooper, Clark Gable, Claudette Colbert, Bing Crosby, Judy Garland, Marilyn Monroe fuhren bereits in den frühen 40er Jahren nach Sun Valley in die Skiferien. Und Amerikas preisgekrönter Autor Ernest Hemingway lebte, arbeitete und jagte nicht nur im Angesicht des Mount Baldy, er nahm sich hier auch das Leben und wurde schließlich an seinem geliebten Berg begraben.

Heute ist Sun Valley ein alternde Schönheit voller nostalgischer Reize: Amerikas Skiort Nummer eins – wenn es um einen romantischen Urlaub abseits des großen Trubels geht. Ein Hauch von altem Glanz weht durch den Ort, alpenländischer Charme mischt sich mit Wildwest. Hier, im Zimmer 206 der Sun Valley Lodge, hat Ernest Hemingway »Wem die Stunde schlägt« geschrieben. Die Lodge ist mit ihren fabelhaften Terrassen, großartigen Speisezimmern und wunderbaren Ausblicken auch heute noch das Herz des Ortes.

Es war der Österreicher Felix Schaffgotsch, der das Wood River Valley in Idaho für den Skisport entdeckte; im Auftrag des Eisenbahn-Tycoons Averell Harriman, der als Boß der Union Pacific Railroad den neuen Skiort finanzierte. Und Sun Valley sollte unter österreichischem Einfluß bleiben. Eine ganze Reihe von Tiroler Skischuldirektoren machte den Amerikanern in den folgenden Jahren schnell klar, wie ein zünftiger Wintersportort auszusehen hat. Und so entstand ein Alpendorf im Wilden Westen – Edelweiß mit Tumbleweeds.

Draußen vor der Terrasse der Sun Valley Lodge glitzert wie vor mehr als einem halben Jahrhundert die Eislaufbahn, die einst von Eisprinzessin Sonja Henie regiert wurde. »Sun Valley Serenade«, ihr Spielfilm aus den 40er

Alpenländischer Charme und Wildwest-Ambiente: Hier zeigt sich Idaho von seiner schönsten Seite.

Jahren, mit der Musik von Glen Miller, wird auch heute noch im Opernhaus des Ortes gezeigt.

Baldy und Dollar Mountain heißen die perfekt manikürten Skiberge von Sun Valley. Die längste Abfahrt ist 4,8 Kilometer lang, und wer dem Gang der Sonne folgen will, kann das auf immer neuen Pisten um den Berg herum. Auch die Qualität des Schnees, der sich je nach

Sun Valley: Paradies für fortgeschrittene Skifahrer.

Sonnenstand an den verschiedenen Hängen unterschiedlich erwärmt, läßt sich so perfekt kalkulieren.

Um allen Eventualitäten aus dem Wege zu gehen, hat der Skiort im Jahr 1991 mehr als acht Millionen Dollar in ein computergesteuertes Netz von Schneekanonen investiert, die mit ihrer Reichweite 60 Prozent aller Hänge abdecken und auch in trockenen Wintern Schnee garantieren sollen. Denn im Vergleich zu den Skigebieten von Colorado und Utah liegt das Skigebiet Sun Valley mit seiner Talstation auf 1 754 und seinem Gipfel von 2 788 Metern relativ niedrig, was den Ort bei Skifahrern über 40, die für die Akklimatisation an extreme Höhen meist mehr Zeit brauchen, besonders beliebt macht.

Sun Valley gilt seit langem als Paradies für fortgeschrittene und sehr gute Skifahrer. Die Pisten sind lang und breit und haben im Gegensatz etwa zu Vail mit seinen treppenartigen Pisten ein gleichmäßiges Gefälle. Limelight ist nur eine der exzellenten Buckelpisten des Gebietes. Fire Trail heißt ein mit Bäumen gespickter Steilhang, der nur denen zu empfehlen ist, die schnelle, gleichmäßige Schwünge aus dem Effeff beherrschen. Und für Anfänger hat die Region auf der anderen Seite des Tales mit Dollar/Elkhorn gleich einen ganzen Berg bereit.

Snowboarder sind an allen Bergen willkommen. Und am Dollar Mountain steht Snowboard-Freestylern eine Halfpipe zur Verfügung.

Mit 17 Liften und kaum mehr als 12 000 Betten im gesamten Einzugsgebiet gibt es in Sun Valley nur selten Schlangen an den Lifts. Da das Gebiet weitab von jeder größeren US-Stadt liegt, tauchen die Wochenendskifahrer, die Copper Mountain, Keystone oder auch Winter Park heimsuchen, in Sun Valley gar nicht erst auf.

Die teure Shoppingmeile finden Urlauber in Ketchum nur etwa einen Kilometer von Sun Valley entfernt. Galerien, Lederwaren-, Kunsthandwerks- und Modegeschäfte gibt es hier zuhauf, genau wie Restaurants für jeden Geschmack.

Einen Tiefschneetag verbringt man am besten mit **Sun Valley Heli Ski.** Ein Tag mit fünf Flügen kostet 385 Dollar. Zielgebiet: Sawtooth Nationalwald. P.O. Box 978, Sun Valley, IDAHO 83353. Tel.: (208) 622-3108.

SUN VALLEY – FAKTEN

Gipfel	**2 788 Meter**
Talstation	**1 754 Meter**
Höhenmeter	**1 037 Meter**
Längste Abfahrt	**4 800 Meter**
Schneefall	**559 Zentimeter**
Lifte	**16 Sessellifte**
Schwierigkeitsgrad der Pisten	**38 % Anfänger 45 % mittelschwer 17 % Fortgeschrittene**
Gesamtfläche der Pisten	**520 Hektar**
Skisaison	**Ende November – Ende April**
Adresse	**Sun Valley Company Sun Valley, ID 83353 USA Tel.: (208) 622-4111**

UNTERBRINGUNG

Das Skigebiet von Sun Valley hat vier Wohngegenden. Die teuerste und luxuriöseste ist Sun Valley Village. Jede der Lodges hier hat eine direkte Verbindung zur Einkaufsstraße und zu den Restaurants. Die **Sun Valley Lodge** ist ein erstklassiges Hotel mit allem, was man sich an Service wünschen mag. Beheizter Swimmingpool, Massage, Sauna und ein Restaurant inklusive. Obendrein ist die Sun Valley Lodge der Knotenpunkt des Skigebietes. Preise zwischen 125 und 275 Dollar für Doppelzimmer, abhängig von Saison und Größe des Zimmers.
Sun Valley Company, Sun Valley, ID 83353. Tel.: (208) 622-4111

Auf der anderen Seite des Berges, eine kurze Busfahrt entfernt, liegen Elkhorn Village und das Elkhorn Hotel. Für Urlauber, die eine Wohnung mieten wollen, ideal.

Elkhorn Village at Sun Valley, Box 1067, Sun Valley, ID 83353. Tel.: (208) 633-4511

Wer Geld sparen will, sucht am besten nach einer Unterkunft in Warm Springs am Fuße des Baldy, einen kurzen Fußweg von den Liften entfernt.

Warm Springs Resort, Box 228,Sun Valley, ID 83353. Tel.: (208) 726-8274

Die vierte Wohngegend ist Ketchum selbst. Die Busfahrt zum Mount Baldy dauert etwa sieben Minuten.

Sun Valley Ketchum Central Reservations, Box 979, Sun Valley ID 83353. Tel.: (208) 726-0147

RESTAURANTS

Wer in Sun Valley zum Abendessen ausgeht, hat die Wahl zwischen klassischer Eleganz und rustikaler Atmosphäre. Richtig billig ißt man nirgendwo. Kreditkarten nicht vergessen!

Pistenlunch

Vier Bergrestaurants am Baldy Mountain sorgen dafür, daß Skiurlauber bei Kräften bleiben. Das hübscheste der vier ist das **Roundhouse** mit seinem enormen offenen Kamin und einem Sonnendeck, von dem man hinunter ins Tal sehen kann. Wer Promis beim Mittagessen zuschauen will, hat gute Chancen im **Baldy Base Camp.**

Abendessen

Lodge Dining Room: das eleganteste Restaurant am Ort. Die Ober tragen weiße Handschuhe. Von den Gästen wird entsprechend festliche Kleidung erwartet. Die Küche ist französisch, die Weinkarte umfangreich und exzellent. Tip: Unbedingt das Brunch probieren, das sonntags ab 8.30 Uhr serviert wird. Teuer!
Sun Valley Lodge. Tel.: (208) 622-4111. Anschluß 2150

Christiania Lodge: europäische Speisekarte. Die Atmosphäre ist rustikal. Kostspielig!
209 Walnut Street. Ketchum. Tel.: (208) 726-3388

Gretchen's: Familienrestaurant in der Sun Valley Lodge. Amerikanische Speisekarte. Moderate Preise. Auch für ein Mittagessen zu empfehlen.
Sun Valley Lodge. Tel.: (208) 622-4111, Anschluß 2144

Louie's: Italiener in einer ehemaligen Kirche in Ketchum. Pizza und Pasta sind exzellent.
331 Leadville Avenue North. Ketchum.
Tel.: (208) 726-7775

Ram Dining Room: erstklassige Wildspezialiäten. Moderate Preise. Reservierung nicht erforderlich.
Sun Valley Mall. Tel.: (208) 622-4111, Anschluß 2225

Pionier Saloon: Die Einheimischen lieben diesen Wildwest-Hangout, der eine lange Geschichte hat. Exzellente

Prime Ribs! Gegen später eine prima Kneipe für ein paar kühle Biere.
320 North Main Street. Ketchum. Tel.: (208) 726-3139

APRÈS-SKI UND NIGHTLIFE

Sun Valley ist ein Ort mit Glamour, doch das wilde Nachtleben von Aspen und Vail gibt es hier nicht. Den ersten Cocktail nach getaner Arbeit nimmt man im **Baldy Base Camp,** wo man durchaus mal mit Clint Eastwood, Liza Minelli, Charles Bronson oder den beiden Hemingway-Schönen zusammenstoßen kann. Ansonsten wird man die meiste Action in Ketchum finden. Empfehlenswert sind die **Ram Bar** und besonders **Whiskey Jacque's** (260 North Main Street), eine Westernbar in Ketchum, in der jeden Abend eine Live-Band spielt und vor allem jüngere Semester sich die Nacht um die Ohren schlagen.

Das **Opera House** in Sun Valley zeigt jeden Winter die neuesten Warren-Miller-Skifilme und natürlich Sonja Henies »Sun Valley Serenade« aus dem Jahr 1941, ein Vergnügen, das man unter keinen Umständen verpassen sollte.

WIE MAN HINKOMMT

Flug nach Salt Lake City/Utah oder nach Boise/Idaho, danach umsteigen in eine Kleinmaschine von Horizon Airlines oder Skywest (Delta-Connection). Zielflughafen ist der Friedman Airport in Hailey, etwa 18 Kilometer südlich von Sun Valley. Der Transport vom Flughafen nach Sun Valley ist gratis.

Im Skigebiet selbst ist eine Auto überflüssig. Fast alles ist zu Fuß zu erreichen. Ansonsten stehen Pendelbusse zur Verfügung, die ständig zwischen Ketchum, Baldy und Dollar Mountain, Sun Valley, Elkhorn und Warm Springs verkehren.

KALIFORNIEN

Lake Tahoe

Wer einmal von den Pisten des Heavenly Valley hinabgeschaut hat auf den saphirblauen, von schneebedeckten Bergen umringten Lake Tahoe, der versteht, warum diese Region einst heilige Stätte und Jagdgrund der Washoe-Indianer war. Kaum eine Winterlandschaft Amerikas bietet Ausblicke auf Landschaften, die mehr fesseln als die Bergwelt um den größten alpinen See Nordamerikas, dessen Wasser auch heute so klar ist, daß man einen weißen Teller 25 Meter unter der Wasseroberfläche deutlich sehen kann.

Hier in dieser atemberaubenden Naturlandschaft in den Sierras Kaliforniens an der Grenze zum Wüstenstaat Nevada findet sich die größte Konzentration von Skigebieten in Nordamerika. Von Heavenly Valley im Süden über Alpine Meadows im Westen bis zu Squaw Valley im Norden des Sees. Insgesamt zählt die Region von Lake Tahoe 19 Skigebiete. Fünf davon gelten als Weltklasse, zwei sind legendär: Squaw Valley USA und Heavenly Valley sind Traumziele für jeden Skiläufer. Kirkwood, Alpine Meadows und Northstar-at-Tahoe sind Namen, die vielen Wintersportlern in den USA ein Begriff sind. Ein Riesennetz von Langlaufloipen erschließt zudem wilde Landschaften, die europäischen Langläufern unvorstellbar sind.

Die gesamte Region von Lake Tahoe ist Hotelbasis für die Skigebiete. Wer es vorzieht, unten am See zu wohnen, hat die Möglichkeit, jeden Tag eine andere Skiarena kennenzulernen. Hotels um den See sind häufig preisgünstiger als in den Skiorten, außerdem spielen sich Nightlife, Casinobetrieb, Entertainment direkt vor der Tür ab. Dutzende von Casinos auf der Nevada-Seite des Sees, zahllose exzellente Restaurants und ein Nachtleben, das sowohl Shows der Weltklasse als auch verräucherte Kneipen und heiße Discos bietet, machen den Lake Tahoe zum idealen Urlaubsgebiet. Die morgendliche Anfahrt mit dem Shuttle-Bus ist unkompliziert und kostenlos. Ein weiteres Transportmittel ist die »Tahoe Queen« (Reservierungen: (916) 541-3364), ein Raddampfer, der im Winter dienstags bis samstags vom Südufer ans Nordufer schippert und so die Gebiete Heavenly und Kirkwood mit Squaw Valley und Alpine Meadows verbindet. Abfahrt vom Südufer ist um acht Uhr morgens. Die Fahrt nach Tahoe City dauert etwa 2 1/2 Stunden. In der Zwischenzeit kann man an Bord gemütlich frühstücken und die Aussicht genießen. Busse in die Skigebiete stehen bei der Ankunft in Tahoe City bereit. Auf der Rückfahrt werden Cocktails und Snacks serviert, meist spielt auch eine Live-Band zum Tanz. Après-Ski auf kalifornische Art.

Die milderen Temperaturen und vielen Sonnentage sind allerdings auch der Grund dafür, daß die Gebiete um den Lake Tahoe in manchen Wintern um den Schnee bangen müssen. Mit dem weißen Zauber Colorados und Utahs kann man den Schnee in den Sierras nicht vergleichen. Zum einen fällt der Schnee hier nicht in solchen Unmengen, was die Skigebiete in den vergangenen Jahren dazu veranlaßt hat, viel Geld in Schneekanonen zu investieren. Zum anderen ist der Schnee hier in Nordkalifornien, wo der Winter selten eisige Kältegrade erreicht, kaum wirklich locker. Im schlechtesten Fall kämpft man an sonnigen Skitagen mit »Sierra-Zement«, einer berüchtigten Pampe, in der das Schwingen fast unmöglich ist und die eisenharte Beinmuskulatur erfordert.

Übrigens: Die Lifttickets von Kirkwood, Heavenly, Northstar, Alpine Meadows und Squaw Valley sind austauschbar und gelten in jedem der genannten Gebirge.

UNTERBRINGUNG

Die Möglichkeiten sind unerschöpflich, von enormen Casino-Hotels am Südufer bis zu kleinen Motels und Inns. Grundsätzlich gibt es vier Möglichkeiten:

Man kann in einem der **Skigebiete** wohnen. Nachteil daran sind die relativ hohen Preise. Wer abends was erleben will, muß runter an den See. Vorteil: Man hat keine Anfahrt zum Berg.

Das **Nordufer** eignet sich besonders für Urlauber, die die Gebiete von Squaw Valley, Alpine Meadows, Northsstar-at-Tahoe, Diamond Peak und Sugar Bowl kennenlernen wollen.

Das **Südufer** ist ideal für alle, die in Heavenly Valley und Kirkwood Ski laufen wollen.

Die vierte Möglichkeit bietet das Vergnügungsparadies **Reno**. Squaw Valley, Alpine Meadows, Northsstar-at-Tahoe, Diamond Peak und Sugar Bowl sind von hier recht leicht zu erreichen. Vorteil: Nightlife und gute Hotelunterkünfte für wenig Geld.

NORDUFER

Das Nordufer von Lake Tahoe ist recht ruhig. Von noblen Casino-Hotels bis zu romatischen Inns und billigen Hotels ist für jeden Geschmack etwas dabei.

Tahoe Vista Inn & Marina: superluxuriöse Absteige in Tahoe Vista an der Nordspitze des Sees. Alle Zimmer mit Seeblick, offenem Kamin, Küche, großer Jacuzzi-Wanne und gesondertem Schlafzimmer. Frühstück wird am Pier serviert. Preise rangieren von 160 Dollar die Nacht für ein Doppelzimmer bis zu 215 Dollar pro Nacht für ein Suite mit zwei Schlafzimmern und riesigem Wohnzimmer.
7220 North Lake Boulevard Tahoe Vista, CA 95732.
Tel.: (916) 546-4819

Mayfield House: wunderschön restauriertes ehemaliges Privathaus in Tahoe City. Frühstück mit frischem Obst und knackigen Brötchen. Nur sechs Doppelzimmer. Badezimmer müssen geteilt werden. 14 Kilometer von Squaw Valley entfernt. Ab etwa 70 Dollar pro Nacht und Doppelzimmer.
236 Grove Street, Tahoe City. Tel.: (916) 583-1001

Ferrari's Crown Motel: 30 bis 40 Minuten nordöstlich von Squaw Valley. Doppelzimmer ab 38 Dollar während

Beliebte Skigebiete im Überblick

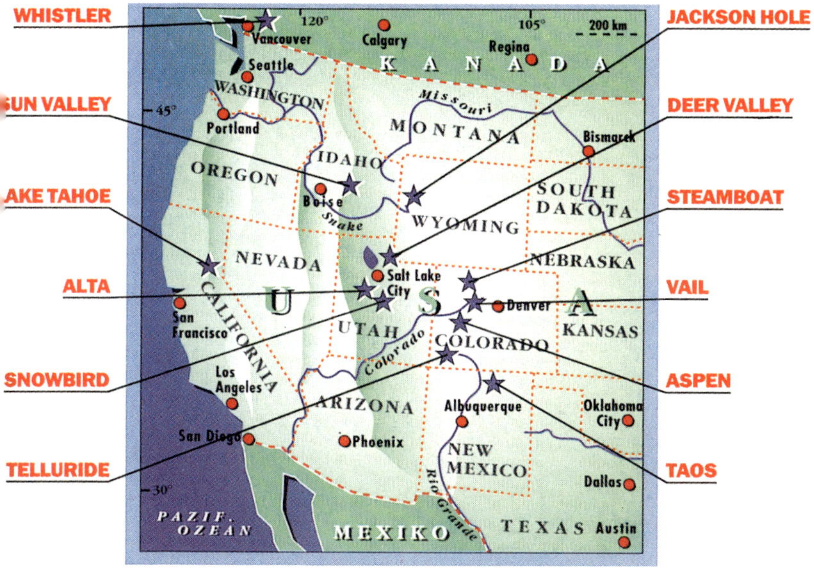

Pistenkarte zu Aspen/Colorado s. S. 18

Pistenkarte zu Snowmass/Colorado s. S. 18

Pistenkarte zu Crested Butte/Colorado s. S. 38

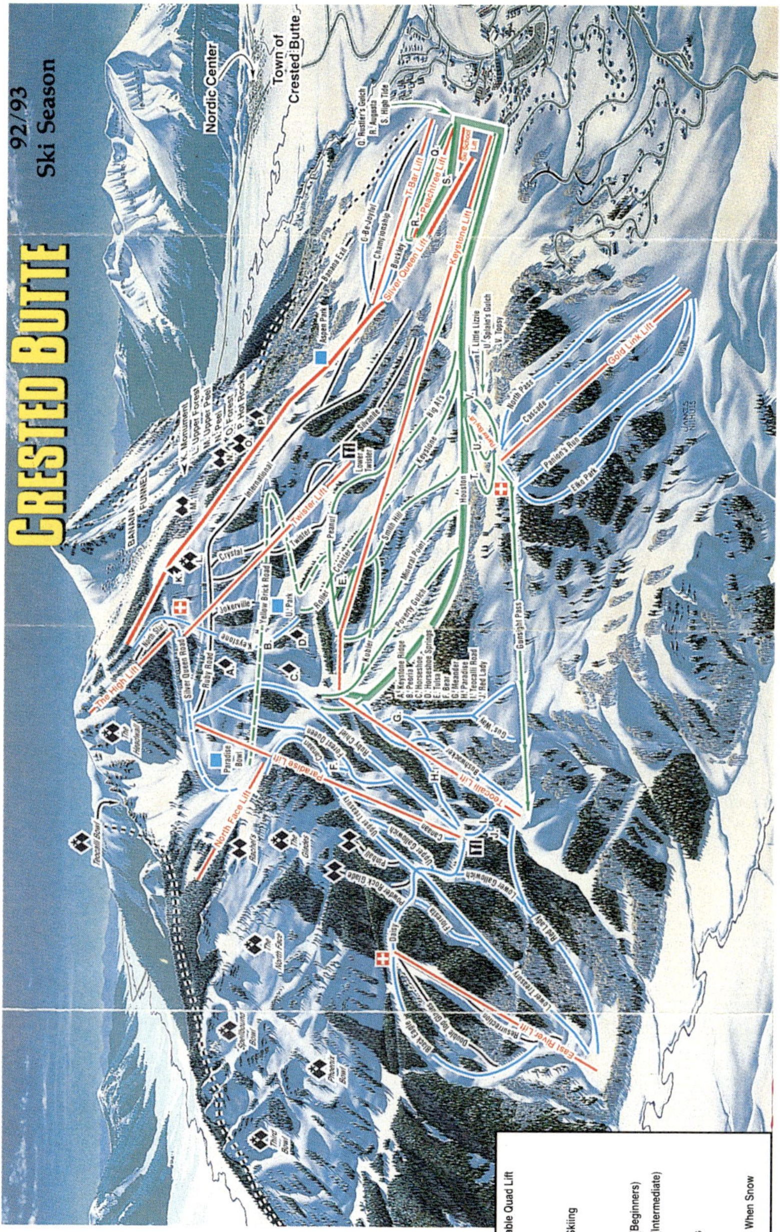

The Crested Butte Ski Area is located in the Gunnison National Forest and is under permit from the Forest Service USDA.

Pistenkarte zu Telluride/Colorado s. S. 60

Pistenkarte zu Summit County/Colorado s. S. 81

Pistenkarte zu Heavenly Valley/Kalifornien
s. S. 125

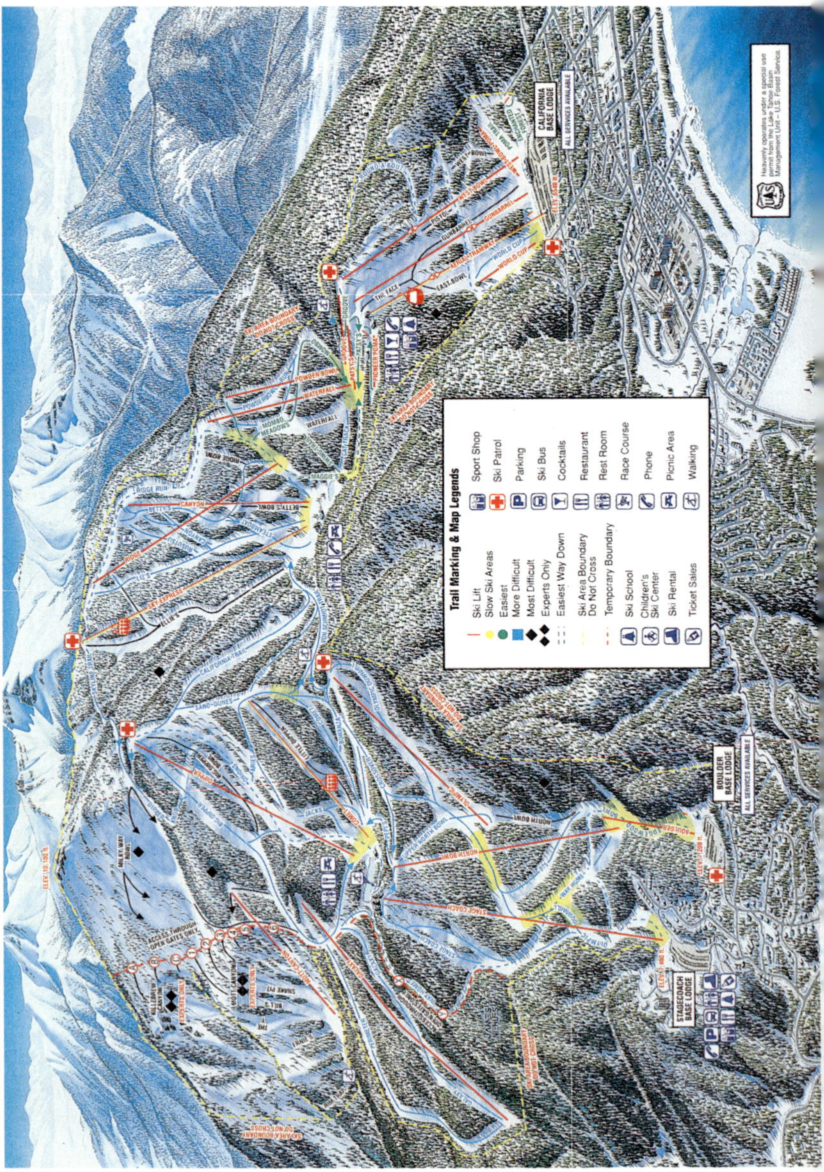

Pistenkarte zu June Mountain/Kalifornien s. S. 130

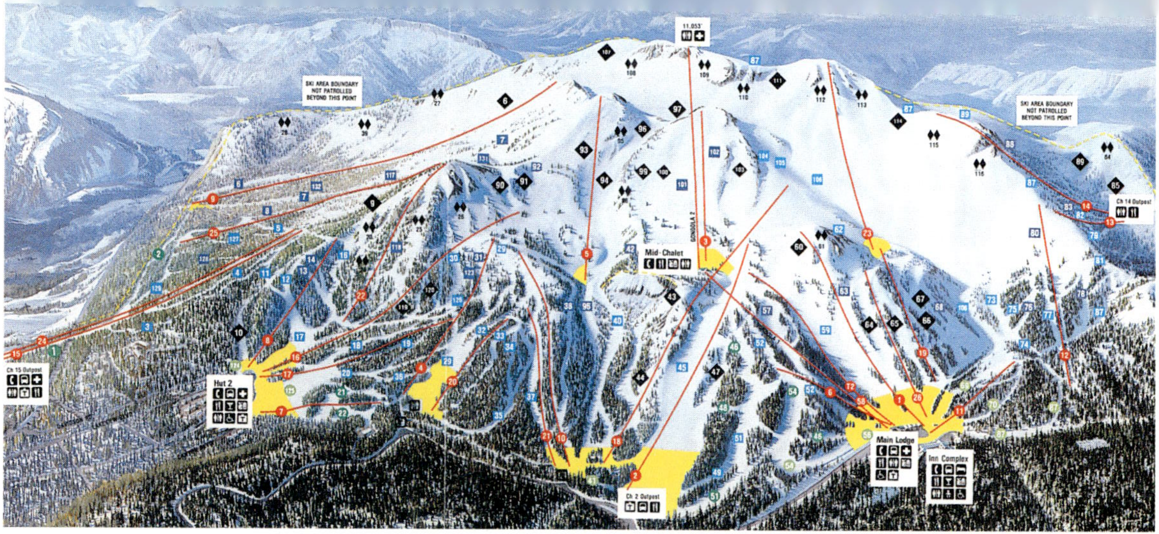

Ability Code

- Easier
- Easy
- Slightly More Difficult
- More Difficult
- ◆ Difficult
- ◆◆ Extremely Difficult
- Slow Skiing Area

Trail Names

1 Lupin
2 Sleepy Hollow
3 Bridges
4 Christmas Tree
5 Holiday
6 Ricochet
7 Gold Hill
8 Quicksilver
9 Sunshine
10 Bluejay
11 Chickadee
12 Swell
13 Redtail
14 Redwing
16 Hully Gully
17 Clover Leaf
18 Round Robin
19 Spring Canyon
20 Round About
21 Hansel
22 Gretel
23 Grizzly
24 Shaft
25 Viva
26 Avalanche Chutes
28 Dragon's Tail
29 Rollercoaster
30 Downhill
31 Avalanche
32 R.C. West
33 Merry-Go-Round
34 Carousel
35 Big Bird
36 Little Bird
37 Lost in the Woods
38 Wall Street
39 Wahzoo
40 Easy Rider
41 Short Cut
42 Coyote
43 Roger's Ridge
44 Drop 18
45 Stump Alley
46 St. Moritz
47 Patrolmen's
48 Over Easy
49 Phantom's Escape
51 Mambo
52 Forest Trail
54 Jill's Run
56 Gus' Pasture
57 Bowling Alley
58 Thunder Mountain
59 Broadway
60 Wall
61 Gravy Chute
62 Silver Tip
63 Powder Bowl
64 Fascination
65 Far West
66 Blue Ox
67 Agee's Run
68 Terry's Run
69 Sesame St.
70 Sesame St. West
73 Bristlecone
74 Comin' Thru
75 Lodgepole
76 Ponderosa
77 Critter's
78 Secret Spot
79 Training Wheels
80 White Bark Bowl
81 White Bark Ridge
82 Oops
83 Surprise
84 Hemlock Ridge
85 Hemlock Bowl
87 Road Runner
88 Arriba
89 Santiago
90 One Chance
91 Spook
92 Solitude
93 Face of Five
94 Sanctuary
95 Sliver
96 Dry Creek
97 Rooster Tail
98 Waterfall
99 China Bowl
100 Christmas Bowl
101 East Bowl
102 Center Bowl
103 West Bowl
104 Saddle Bowl
105 Gremlin's Gulch
106 St. Anton
107 Dave's Run
108 Huevos Grande
109 Climax
110 Hangman's Hollow
111 Cornice Bowl
112 Drop Out
113 Wipe Out
114 Scotty's
115 Paranoid Flat
116 Star Chute
117 Repeat 22
118 Follow Me
119 Encore
120 The Acts
123 Side Show
124 Festival
125 School Yard
126 Crosswalk
127 Manzanita
128 Juniper
129 Watertank
131 Relief
132 Slot

Pistenkarte zu Mammoth Mountain/Kalifornien
s. S. 130

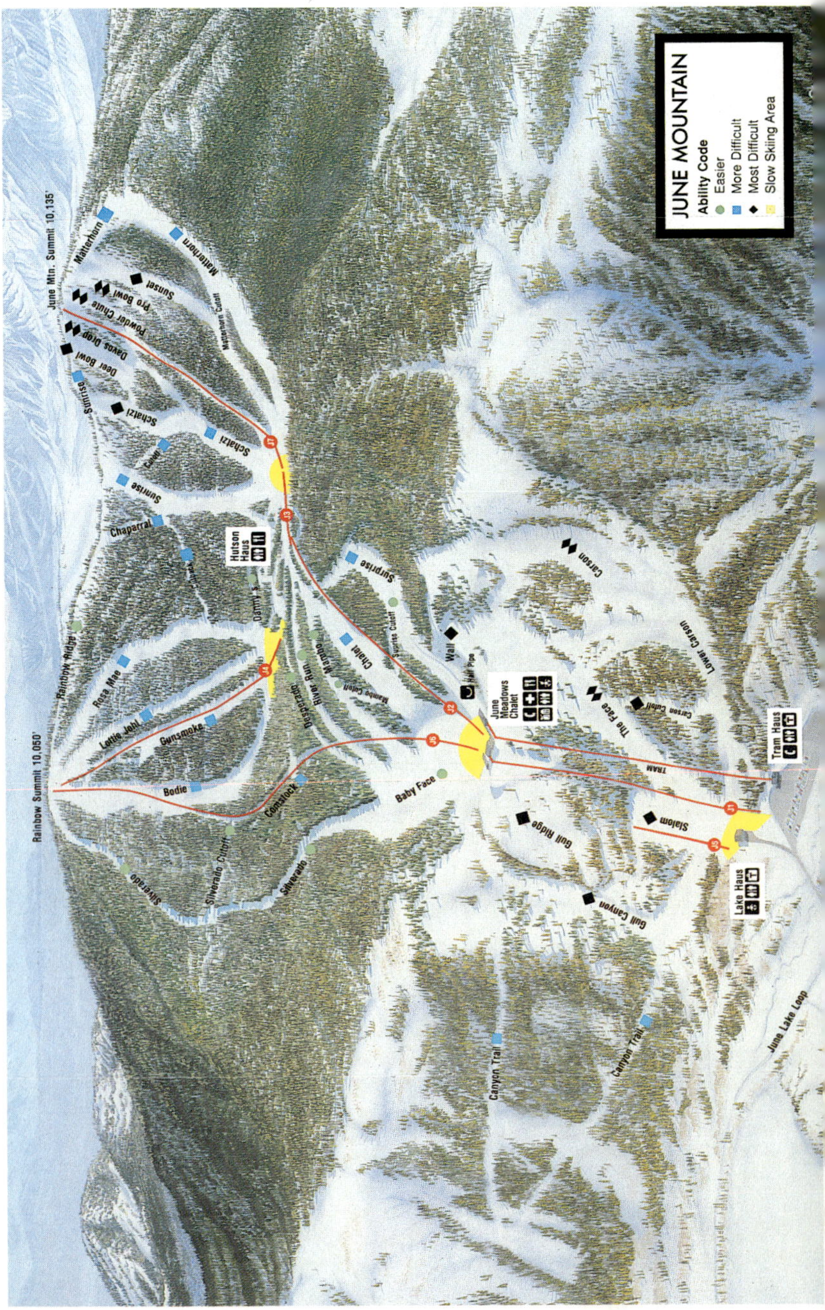

Pistenkarte zu Taos/New Mexico s. S. 142

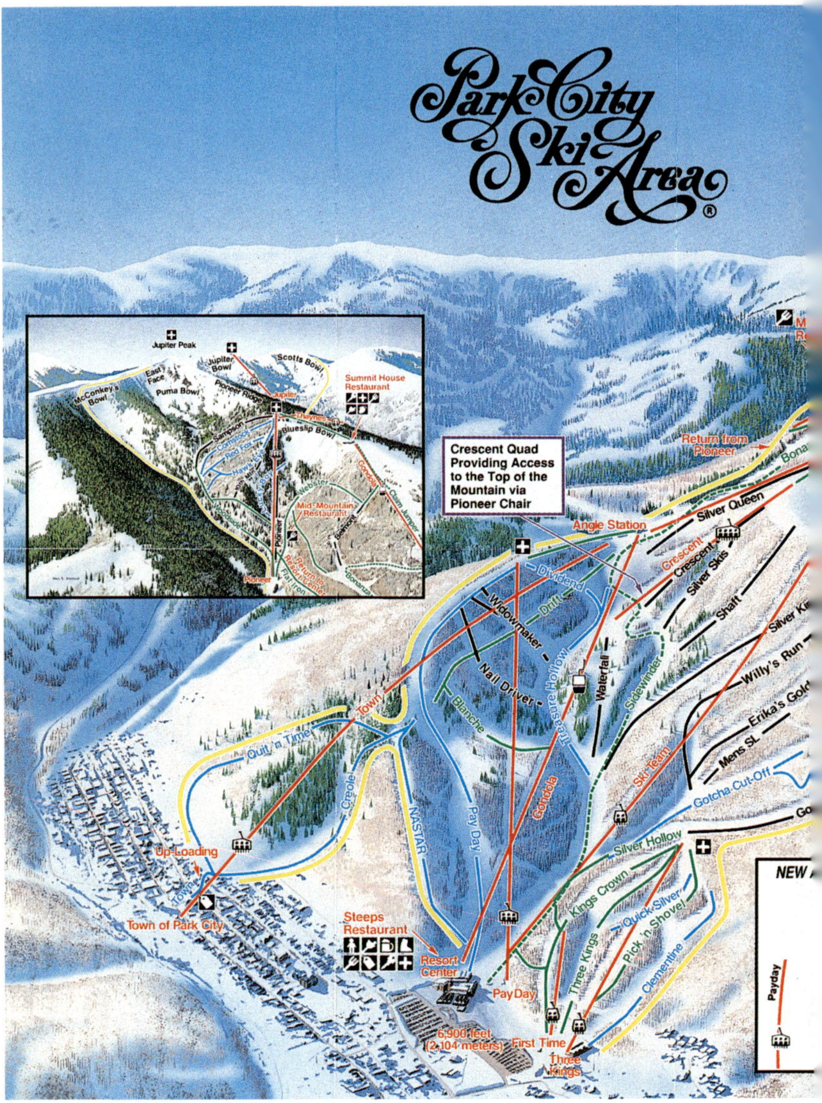
Park City Ski Area®
Jupiter Peak
Jupiter Bowl
Scotts Bowl
East Face
McConkey's Bowl
Puma Bowl
Pioneer Ridge
Jupiter
Summit House Restaurant
Thaynes
Blueslip Bowl
Sampson
Red Fox
Webster
Mid-Mountain Restaurant
Pioneer
Return to Resort Center
Flatiron
Bonanza
Crescent Quad Providing Access to the Top of the Mountain via Pioneer Chair
Return from Pioneer
Angle Station
Silver Queen
Crescent
Silver Skis
Shaft
Dividend
Widowmaker
Drift
Nail Driver
Treasure Hollow
Waterfall
Sidewinder
Willy's Run
Mens SL
Ski Team
Town
Quit 'n Time
Creole
Blanche
NASTAR
Pay Day
Gondola
Gotcha Cut-Off
Silver Hollow
Kings Crown
Quick Silver
Pick 'n Shovel
Three Kings
Clementine
Up-Loading
Town of Park City
Steeps Restaurant
Resort Center
PayDay
6,900 feet (2,104 meters)
First Time
Three Kings
Payday

Pistenkarte zu Park City/Utah s. S. 159

Pistenkarte zu Snowbird/Utah s. S. 174

Pistenkarte zu Jackson Hole/Wyoming s. S. 184

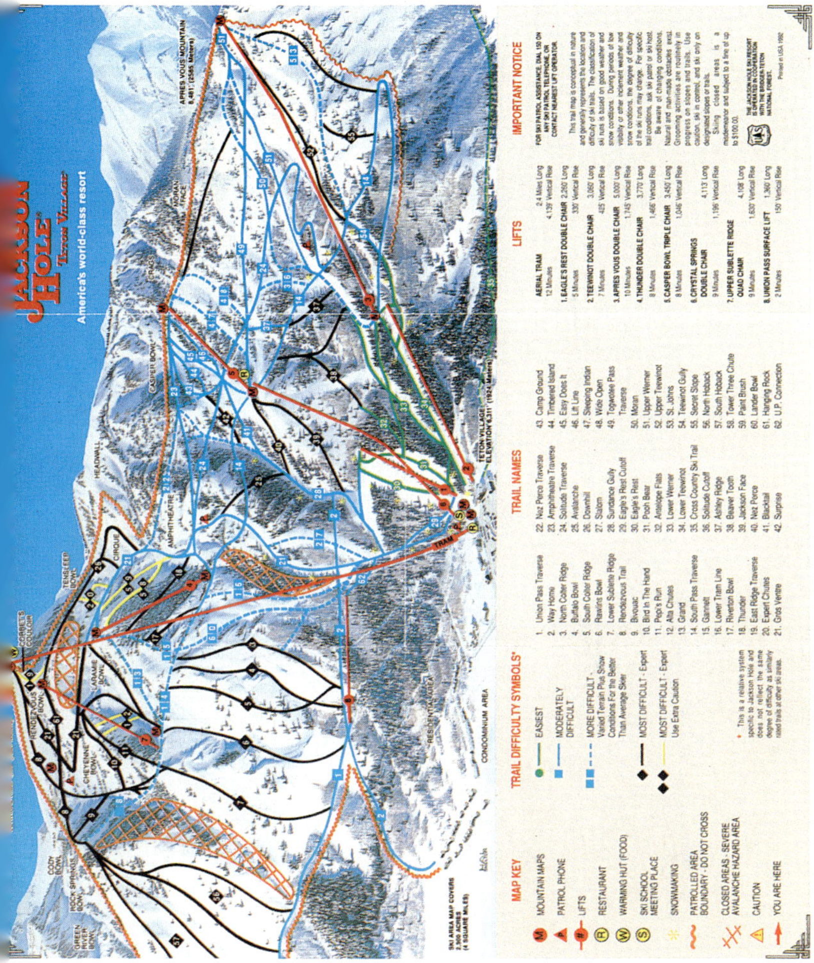

Pistenkarte zu Grand Targhee/Wyoming s. S. 194

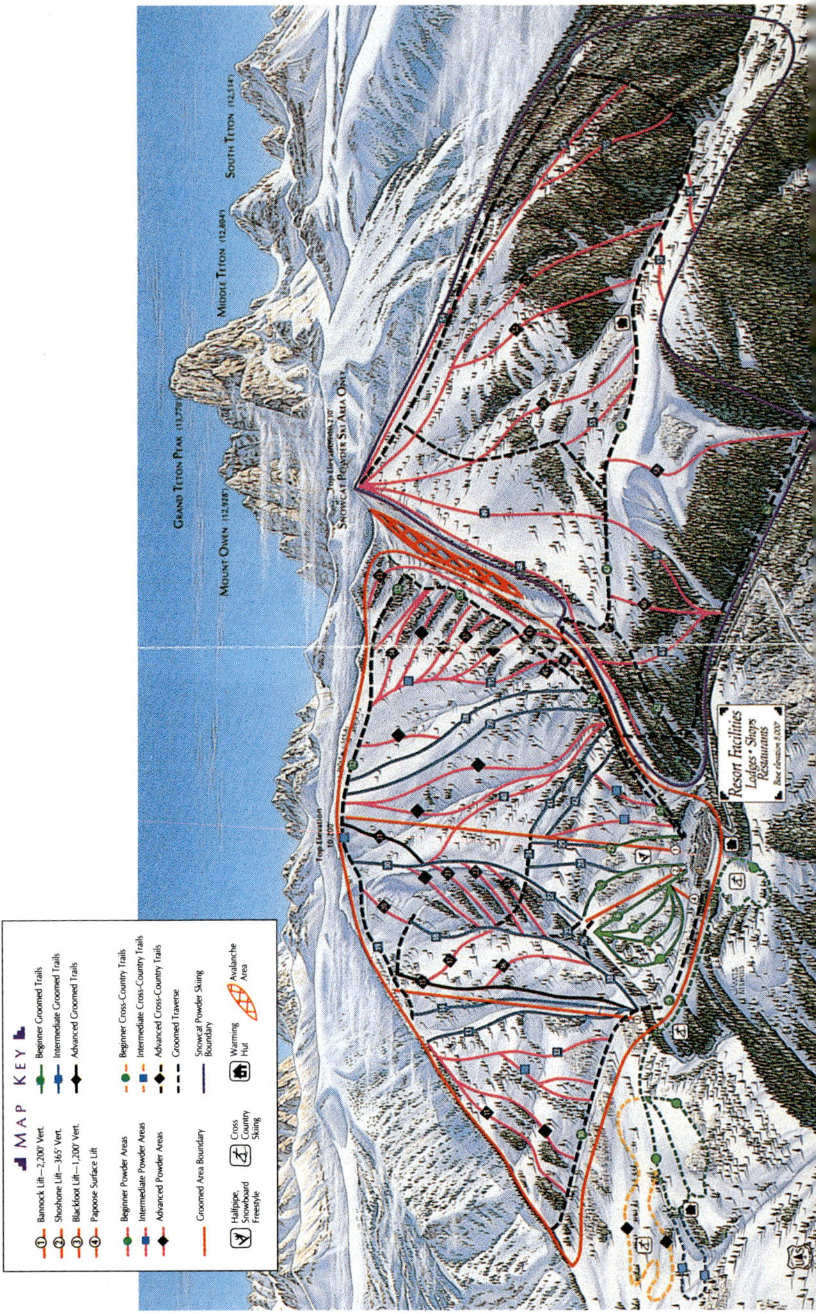

der Woche, ab 55 Dollar am Wochenende. Ein kostenloser Shuttle-Bus nach Squaw Valley hält auf der gegenüberliegenden Straßenseite.
P.O. Box 845, Kings Beach, CA 96143. Tel.: (916) 546-3388

Sunnyside Lodge: südlich von Tahoe City direkt am See. Alle 23 Zimmer haben Blick auf den Lake Tahoe und auf die Berge. Räume mit offenem Kamin vorher reservieren. Alle Zimmer sind hell und hübsch möbliert. Das Restaurant **Chris Craft** ist im Haus. Doppelzimmer 100 Dollar pro Nacht. Suiten 130 bis 150 Dollar.
1850 West Lake Boulevard, Tahoe City, CA 95730. Tel.: (916) 583-7200

River Ranch: urige, ältere Lodge, wunderhübsch am Truckee-Fluß gelegen. Nicht weit von Squaw Valley und Alpine Meadows entfernt. Die Zimmer sind mit Antiquitäten eingerichtet. 110 Dollar für das Doppelzimmer mit Balkon am Wochenende. 90 Dollar in der Woche.
Box 197, Tahoe City 95730. Tel.: (916) 583-4264

Cal-Neva-Lodge: Top-Casino-Hotel. Jedes Zimmer mit Seeblick. Die besten Räume sind die Suiten in den obersten Geschossen. Preis: 129 bis 159 Dollar pro Nacht. Standardzimmer ab 69 Dollar. Schwimmbad, Sauna, Tennisplätze und drei Hochzeitskapellen für Heiratslustige. Wer es ganz besonders kitschig-romantisch braucht, mietet einen »Honeymoon«-Bungalow mit herzförmiger Badewanne, rundem Bett und Spiegel an der Decke.
Box 368 Crystal Bay, CA 89402. Tel.: (702) 832-4000

North Lake Lodge: eines der ältesten Hotels am See, das immer noch in ganz guter Form ist. Frühstück ist im Preisen eingeschlossen, und der Bus hält auf der gegenüberliegenden Straßenseite. Doppelzimmer ab 40 Dollar die Nacht. Cottages, das sind kleine Bungalows, gibt es für 30 bis 50 Dollar pro Nacht.
8716 North Lake Boulevard, P.O. Box 955, Kings Beach, CA 96143. Tel.: (916) 546-2731

Adresse für weitere Angebote:
Tahoe North Visitors Bureau
P.O. Box 5578
Tahoe City, CA 96145
Tel.: (916) 583-3449

RESTAURANTS AM NORDUFER

Die Auswahl ist riesengroß, ob man nun ein kleines Lokal fürs Frühstück sucht oder ein Restaurant für ein aufwendiges Abendessen. Hier einige der besten Restaurants:

Wolfdales: Tahoe City, 20 Minuten von Squaw entfernt. Eines der besten Restaurants der Region. Fischspezialitäten mit japanischem Touch. Reservierungen empfehlenswert. Nur freitags, samstags und sonntags geöffnet. Teuer!
640 North Lake Boulevard, Tahoe City.
Tel. (916) 583-5700

Captain Jon's: exzellente Fischspezialitäten und französische Landküche in Tahoe Vista.
7220 North Lake Boulevard, Tahoe Vista.
Tel.: (916) 546-4819

Christy Hill: Egal, ob man am Süd- oder Nordufer wohnt, jede Anfahrt zu Christy Hill lohnt. Kalifornische Küche. Phantastische Fischgerichte. Von Dienstag bis Sonntag geöffnet.
115 Grove Street, Tahoe City. Tel. (916) 583-8551

Bacchi's Inn: Italiener, der seit 70 Jahren im Geschäft ist. 42 italienische Gerichte, supergünstig. Minestrone, Antipasti und Brot, so viel man essen kann, zum Einheitspreis. Achtung! Kreditkarten werden nicht akzeptiert.
2905 Lake Forest Road, nördlich von Tahoe City.
Tel. (916) 583-3324

River Ranch: Lamm, Ente und Fisch bei Kerzenlicht serviert. Nicht billig, aber extrem gut und stimmungsvoll. Highway 89, Ecke Alpine Meadows Road, Tahoe City. Tel.: (916) 583-4264

SÜDUFER

In den Casinos auf der Nevada-Seite findet man zahllose erstklassige Zimmer, Super-Ausblicke und Nightlife rund um die Uhr. **Harvey's** und **Harrah's** sind Spitzen-Casino-Hotels mit besten Referenzen im amerikanischen Mobil-Führer und vom Autoclub AAA. Auf der kalifornischen Seite findet man fünf Kilometer Hotels und Motels wie Perlen auf einer Kette am Seeufer aufgereiht. Die Qualität reicht von guten Häusern bis zu zweifelhaften Stundenmotels.

Harrah's Tahoe Hotel: Luxus-Casino am Highway 50 in der Casinogegend von South Lake Tahoe. Alle Zimmer haben guten Ausblick, Kühlschrank, Bar und zwei Badezimmer und sind mit Fernseher und Telefon ausgestattet. Mehrere Restaurants sind im Haus, außerdem ein Fitneßclub und ein beheiztes Schwimmbad. Nicht zu vergessen: 150 Spieltische für jeden Geschmack, von Poker, Blackjack, Baccarat bis zu Roulette. Doppelzimmer 105 bis 135 Dollars pro Nacht. Suiten von 300 bis 900 Dollar.
P.O. Box 8 Stateline, NV 89449. Tel.: (702) 588-6606

Caesar's Tahoe Hotel: Luxus-Hotel-Casino. Alle Räume mit Blick auf Lake Tahoe und die Berge. Sauna, Schwimmbad, Fitneßclub, Tennisplätze sind im Haus. Außerdem ein Casino mit allen vorstellbaren Spieltischen. Im Circus Maximus, einem Konzertsaal, der 1 600 Menschen faßt, tritt jeden Abend ein anderer Star auf.
Box 5800, South Lake Tahoe, CA 89449.
Tel.: (702) 588-3515

Harvey's Resort Hotel: das erste Casino, 1940 als Teil einer Tankstelle eröffnet. Heute der größte Casino-Hotel-Komplex von Lake Tahoe. Hübsch eingerichtete Zimmer. Im Haus befinden sich acht Restaurants und zehn Bars sowie zahllose Spieltische und einarmige Banditen. Räume der Luxusklasse ab 155 Dollar. Standard-Doppelzimmer 89 Dollar.
Box 128 Stateline, NV 89449. Tel. (702) 588-2411

Best Western Lake Tahoe Inn: großes Motel in der Nähe von Harrah's Casino auf mehr als 2,5 Hektar Land. In Sichtweite von Heavenly Valley. Moderne Zimmer in Pastellfarben dekoriert. Pool, Jacuzzis und Restaurant im Haus. Doppelzimmer während der Woche 57 Dollar, am Wochenende ab 73 Dollar.
P.O. Box II, South Lake Tahoe, CA 95729.
Tel.: (916) 541-2010

Flamingo Lodge: gutes Motel mit neu eingerichteten Zimmern. Alle haben Kühlschränke. Ein Coffee Shop ist direkt nebenan. Das Motel hat Pool, Dampfbad, Sauna und Jacuzzi. Doppelzimmer unter der Woche 64 Dollar, ab Freitag 89 Dollar.
3961 Lake Tahoe Boulevard, South Lake Tahoe 95729.
Tel.: (916) 544-5288

Tahoe West Motor Lodge: schon lange etabliertes Motel mit vielen Gästen, die jedes Jahr wiederkommen. Drei Blocks vom Strand und den Casinos entfernt. Die Zimmer sind hübsch eingerichtet. Pool und Sauna sind im Haus. Doppelzimmer mit französischem Bett während der Woche 38 Dollar. Am Wochenende 50 Dollar.
4107 Pine Boulevard, South Lake Tahoe 95729. Tel.: (916) 544-6455

Adresse:
Lake Tahoe Visitors Authority
P.O. Box 16299
South Lake Tahoe, CA 96151
Tel.: (916) 544-5050

RESTAURANTS AM SÜDUFER

Frühstück

Die Einheimischen frühstücken bei **Frank's**, 1207 Highway 50, Tel.: (916) 544-3434, oder gegenüber bei **Ernies**, Tel.: (916) 541-2161. Außerdem empfehlenswert für ein deftiges Frühstück: **The Red Hut**, am Highway 50 neben der presbyterianischen Kirche, Tel.: (916) 541-9024, und für klasse Waffeln und Pancakes **Heidi's Pancake House**, 3485 Lake Tahoe Boulevard, Tel.: (916) 544-8113.

Abendessen

The Summit: Gourmetrestaurant der Spitzenklasse in Harrah's Casino. Die Soufflés sind Weltklasse. Vier-Gänge-Menü 50 Dollar, ohne Wein und Tip.
P.O. Box 8 Stateline, NV 89449. Tel.: (702) 588-6611, Anschluß 2196

The Sage Room Steak House: in Harvey's Casino. Die Inneneinrichtung stammt aus dem 1944 eröffeten »Wagon Wheel Saloon and Gambling Hall«. Hier gibt es Steaks in Variationen, die selbst Kenner überraschen. Nicht ganz billig, aber unbedingt zu empfehlen!
Box 128 Stateline, NV 89449. Tel.: (702) 588-2411

RENO

Alternative zum Aufenthalt am Süd- oder Nordufer von Tahoe ist das Spielerparadies Reno. Winter gilt hier als Nebensaison, und die meisten Casino-Hotels bieten oft erhebliche Rabatte und spezielle Skipakete an. Das Essen ist enorm billig: Dinner vom Büfett für 5,95 Dollar etwa. Die Fahrt zu den Skigebieten dauert 45 Minuten bis eine Stunde. Ein Auto ist empfehlenswert, aber nicht zwingend: Der Pendelbus verkehrt mehrmals täglich, kostet aber 15 Dollar! Reno hat 40 Casino-Hotels mit vollem Service, die bekanntesten sind **Reno Hilton** (702-789-2000), **Flamingo Hilton** (702-322-1111), **Sands Regency** (702-348-2200), **McCarran House** (702-358-6900) und **Circus Circus** (702-329-0711).

Mehr Information durch:
Reno/Sparks Convention and Visitors Authority
4590 South Virginia Street
Reno, NV 89502
Tel.: (702) 827-8730

Squaw Valley

Etwa 15 Kilometer westlich des Lake Tahoe brennt eine olympische Fackel. Sie markiert die Einfahrt ins Squaw Valley, das bekannteste der Gebiete von Lake Tahoe. Allein der Name weckt Wintersehnsüchte. Und zweifellos gehört das Skigebiet zum Besten, was Amerikas Winter zu bieten hat.

Eine rauhe Wildnis ist das Tal mit seinen drei Bergen Granite Chief, Emigrant Peak und Squaw Peak sicherlich nicht mehr – zu perfekt erschlossen sind die offenen Hänge von Squaw Valley. Doch der Ort versteht es glänzend, Tausende von Skifahrern so zu verteilen, daß sich der Geruch von Winterromantik und frischem Schnee nicht im Kommerz verliert.

Wie in vielen Gebieten Europas gibt es hier keine echten Pisten, sondern weitoffene Schneefelder. Praktisch steht dem Skifahrer das gesamte Terrain zur Verfügung. Wo die offenen Hänge enden, beginnen Waldhänge und Schluchten, die selbst Experten alles abverlangen. Angenehm dabei ist, daß schwere und leichte Abfahrten oft von denselben Liften erschlossen werden. »Gemischte Skifahrerehen« wissen dies besonders zu schätzen.

Von einem Mann namens Alexander Cushing 1949 mit nur einem einzigen Lift, Sessellift und zwei Schleppern eröffnet, hat sich Squaw Valley seit den Olympischen Spielen 1960 zu einem der größten Skigebiete Amerikas entwickelt. Heute erschließen 33 Lifte sechs Sierra-Gipfel. Die Liftkapazität ist so groß, daß man sein Geld zurückbekommt, wenn man tatsächlich einmal in einer Schlange am Lift warten muß.

Der Grund für die rekordverdächtigen Besucherzahlen in Squaw Valley ist seine Nähe zu Sacramento (etwa 150 Kilometer) und zu San Francisco (320 Kilometer): Viele Skifahrer, die aus der San Francisco Bay nach Squaw Valley kommen, betrachten das Gebiet als ihren »Hausberg«.

Eine Großgondel, die über 150 Menschen faßt, ist der schnellste Weg hinauf auf den Berg. Ihre Gipfelstation ist der 2500 Meter hoch gelegene High Camp Bath and Tennis Club, ein Sportzentrum mit Tennisplätzen, Sportboutiquen, Restaurants, Bars und einem olympischen Eisring, der das ganze Jahr über in Betrieb ist. Der höchstgelegene olympische Kunsteisring der Welt – Amerikaner lieben Superlative – ist bis 22 Uhr geöffnet. In einer sternenklaren Nacht gerät hier eine Schlittschuhfahrt mit Ausblick auf den Lake Tahoe zu einem fast mystischen Erlebnis.

Relativ warme Tagestemperaturen und Sonne an über 70 Prozent aller Wintertage kommen besonders Schönwetter-Skifahrern entgegen. Was den Sierras jedoch fehlt, ist der wirklich tiefe Schnee der Rockies und des pazifischen Nordwesten. In vielen Wintern ist man in Squaw Valley auf die Mithilfe der Schneemaschinen angewiesen. Besonders die Fahrt in einer der steileren Pisten wird da leicht zum akrobatischen Tanz um Felsen und Steine. Den besten Schnee findet man in den Nordhängen, die von der Sonne geschützt sind und von den Liften Shirley Lake Express, Solitude, Newport und Olympic Lady erschlossen werden.

Extrem-Skifahrer sind in Squaw Valley im siebten Himmel. Wer die Palisades über dem Siberia Bowl und Eagle's Nest oben am KT22 abfährt, hat hier jede Möglichkeit für weite, tiefe Sprünge. Gute Skifahrer, die mit den Füßen lieber am Boden bleiben, haben den kompletten KT22 zur Verfügung, und wer besonders viel Energie besitzt, steigt zur Spitze des Granite Chief auf.

Chicken Bowl und Sun Bowl heißen die Spielwiesen für weniger Verwegene. Wer mit dem Siberia Express nach oben fährt, erreicht über eine Traverse nach rechts weitoffene mittelschwere Hänge für jeden Geschmack.

Während sich Tausende von Skifahrern tagsüber gleichmäßig am Berg verteilen, gerät die Rush-hour zurück ins Tal zwischen 15 und 16 Uhr oft zu einem alpinen Verkehrschaos, das die freiwilligen Helfer der Ski-Patrol kaum kontrollieren können. Wer den Menschenauflauf am Mountain Run vermeiden will, fährt früher ins Tal ab und verbringt den Rest des Tages auf der anderen Seite von Squaw Valley, die von den Liften Big Red und Squaw Creek erschlossen wird.

Squaw King wurde als Skiberg für diejenigen Winterurlauber geöffnet, die im neuen Squaw Creek Resort wohnen, das seit 1991 in Betrieb ist. Squaw Creek wirbt mit Skifahren direkt vor der Haustür. Genau 59 Schritte sind es von dem Hotelkomplex bis zum Lift.

Snowboarder sind auf allen Hängen von Squaw Valley willkommen. Squaw hat eine Halfpipe. Ausrüstung kann geliehen werden.

SQUAW VALLEY – FAKTEN

Gipfel	**2 769 Meter**
Talstation	**1 897 Meter**
Höhenmeter	**872 Meter**
Längste Abfahrt	**4 820 Meter**
Schneefall	**1 016 Zentimeter**
Lifte	**27 Sessellifte, 1 Gondelbahn, 1 Cable Car, 4 Schlepper**
Schwierigkeitsgrad der Pisten	**25 % Anfänger 45 % mittelschwer 30 % Fortgeschrittene und Experten**
Gesamtfläche der Pisten	**1 940 Hektar**
Liftkapazität pro Stunde	**4 100 Personen**
Skisaison	**Mitte November – Memorial Day (der letzte Montag im Mai)**

UNTERBRINGUNG

Direkt im Tal findet man nur 800 Zimmer, 405 davon im neuen Luxus-Resort von Squaw Creek. Günstigere Unterkünfte gibt es in Tahoe City. Kostenlose Busse fahren von allen Hotels und Apartments außerhalb des Skigebietes nach Squaw Valley.

Zentrale Information:
Squaw Valley Central Reservations
Squaw Valley USA, P.O. Box 2007
Olympic Valley, CA 95730
Tel.: (916) 583-5585

HOTELS

The Resort at Squaw Creek: ganzjährig geöffnetes Resort mit allen Annehmlichkeiten, die man sich vorstellen kann: Fitneß-Komplex, beheizter Outdoorpool, Eislaufring etc. Die Zimmer sind luxuriös ausgestattet. Ein heißes Bad im Freien, wenn sich der Himmel über den Bergen rot verfärbt, ist ein echtes Erlebnis. Doppelzimmer pro Nacht ab 195 Dollar, bis 745 Dollar für eine Penthouse-Suite mit zwei Schlafzimmern.
P.O. Box 333, Olympic Valley, CA 96146. Tel.: (916) 583-6300

The Squaw Valley Lodge: am Fuß des Berges. Nur wenige Schritte von den Liften entfernt. Mit Fitneßclub, Sauna, Dampfraum und beheiztem Pool. Studios mit Kochnischen, ab 165 Dollar unter der Woche, 190 Dollar am Wochenende.
P.O. Box 2364, Olympic Valley, CA 96146.
Tel.: (916) 583-5500

The Squaw Valley Inn: Hotel nur wenige Schritte von den Sesselliften. 60 Zimmer und Suiten in altenglischem Dekor. Doppelzimmer ab 100 Dollar unter der Woche, freitags und samstags ab 135 Dollar.
P.O. Box 2407, Olympic Valley, CA 96146.
Tel.: (916) 583-7200

RESTAURANTS

Squaw Valley hat für jeden Geschmack etwas. Drei Restaurants im High Camp Bath and Tennis Club an der

Bergstation sind für Frühstück, Mittag- und Abendessen geöffnet. **The Terrace** ist eine günstige Cafeteria mit unglaublichem Blick auf den Lake Tahoe. **Alexander's** serviert Lunch und Dinner, letzteres in intimer Atmosphäre bei Kerzenlicht. Das **Poolside Cafe** ist ein elegantes Restaurant, das außer atemraubenden Sonnenuntergängen und Aussichten ins Tal auch Abendessen und Lunch serviert. Telefon für alle Restaurants (916) 583-2555.

Frühstück

Eric's Clocktower Cafe: Die Country Potatoes und Riesenomelettes sind spitze und billig.
In der Sqaw Valley Base Lodge. Tel.: (916) 583-2614

Pistenlunch

Gold Coast Deck: für ein Sonnenbad zur Mittagszeit, incl. Hamburger und Bratwürste, und ein kühles Bier von den Kleinstbrauereien San Franciscos das richtige Ziel.
In der Gold Coast Lodge an der Bergstation der Gondel.

Hardscramble Creek Bar & Grill: Bistro mit Holzofen. Gute Pizza und herzhafte Suppen.
Resort at Squaw Creek. Tel.: (916) 583-6300

Abendessen

Glissandi: neofranzösische Küche. Rehrücken und Lobsterravioli gehören zu den Spezialitäten. Ein Fünf-Gänge-Menü kostet ohne Wein 45 Dollar.
Im Squaw Creek Resort. Tel.: (916) 583-6300

Cascades Restaurant: regionale amerikanische Küche zu zivilen Preisen. Super-Aussicht auf den Squaw Peak!
Im Squaw Creek Resort. Tel.: (916) 583-6300
Weitere Tips siehe Nordufer.

APRÈS-SKI UND NIGHTLIFE

Die meisten Squaw-Valley-Urlauber fahren für eine große Dosis Nightlife in Richtung der Casinos im Süden und Norden des Lake Tahoe oder gleich nach Reno. Die Straßen sind gut, können in manchen Nächten aber sehr vereist sein. Nach einem langen Skitag ist da zusätzliche Konzentration angebracht.

Die Casinos mit ihren blitzenden Neonlichtern, den freien Drinks und den rauchgefüllten Bars sind ein perfekter Gegensatz zu den Bergen von Squaw Valley. Wer gewinnt, wird hier seinen Spaß haben, und wer verliert, für den sind die Berge Trost.

WIE MAN HINKOMMT

Zielflughafen ist der Cannon International Airport in Reno. Er ist etwa 70 Kilometer von Squaw Valley entfernt. Busse von Aero Tran Vans (702) 786-2376 fahren nach Truckee und ans Nordufer von Lake Tahoe. Ein Mietwagen ist jedoch ratsam.

Die atemberaubenden Ausblicke, die Squaw Valley bietet, sind eine Legende unter Winterurlaubern.

Heavenly Valley

Das »himmlische« Tal im Süden des Lake Tahoe ist ein Skigebiet der Superlative. An der Grenze von Kalifornien und Nevada ist Heavenly das einzige Gebiet Amerikas, dessen Terrain sich über zwei Bundesstaaten erstreckt.

Neulinge, die zum ersten Mal hierher kommen und die Frontseite – den berüchtigen »Gunbarrel« mit seinen Hunderten von volkswagengroßen Buckeln und Felsen hinaufschauen – mag Heavenly ein wenig einschüchtern. Doch der Schein trügt. Eigentlich ist das Heavenly Valley ein Paradies für durchschnittlich gute und fortgeschrittene Skifahrer. Die blauen Pisten (entsprechen den roten in Europa) des Gebietes sind perfekt manikürt. Das größte Netz von Schneekanonen in der Region Lake Tahoe sorgt dafür, daß auch in schneearmen Wochen kein Stein zum Vorschein kommt.

Die leichtesten und am besten gepflegten Pisten findet man ganz oben am Berg. Für Anfänger, die normalerweise nicht in den Genuß von Gipfelblicken kommen, ist das ein besonderer Reiz. Denn hier oben öffnen sich Panoramen unvergleichbarer Schönheit. Wer vom »Ridge Run« oder vom »Sky Chair« auf den Lake Tahoe hinunterschaut, weiß, woher das Tal seinen Namen hat.

Oben am Sky Chair findet man die besten Pisten der kalifornischen Seite von Heavenly. Wer Buckelpisten liebt, taucht Richtung »Ellie's« ab. Wer gerne ohne viel Action »cruist« – die Amerikaner sind Erfinder dieser kraftsparenden Variante des Skilaufs –, biegt an der Gipfelstation des Sky Chair nach rechts ab und gleitet den Liz's Canyon, Betty's oder den Ridge Run hinunter.

Vom Sky Chair führt der Weg auf die Nevada-Seite von Heavenly, wo sich mehr als 60 Prozent der Pisten des Gebietes befinden. Die Traverse über den Skyline Trail zum Milky Way Bowl braucht ein wenig Stock- und Armeinsatz, doch die Abfahrt den Mott Canyon hinunter lohnt jede Anstrengung. Vorsicht: Dies ist Terrain für Fortgeschrittene mit guter Kondition.

Die Nordwand des Mott Canyon hat ein halbes Dutzend

Heavenly Valley: naturbelassenes Skigebiet, das allerdings höchstes Können erfordert.

wirklich steile Wadenbrenner, die gute Technik und erstklassige Kondition erfordern. So manchem guten Skifahrer haben sich hier schon die Nackenhaare gesträubt. Ein neuer Hochgeschwindigkeitssessel erschließt seit der vergangenen Saison diese 320 Hektar wildes, naturbelassenes Expertenterrain und hat das Gebiet für echte Könner attraktiv gemacht.

Auch die Nevada-Seite von Heavenly hat zahllose einfachere Hänge für Skifahrer mittleren Könnens: Big Dipper, Orion und Jacks sind erstklassiges »Cruising«-Terrain. In der Hauptsaison ist es ratsam, den Skitag von der Talstation in Nevada aus zu beginnen, die für gewöhnlich weniger stark frequentiert ist. Besonders an Wochenenden, wenn Tausende von Skifahrern aus der Region von San Francisco einfallen, kann es auf der kalifornischen Seite von Heavenly zu längeren Wartezeiten kommen.

Snowboarder sind in Heavenly seit der vergangenen Saison in beiden Bundesstaaten willkommen. Es gibt allerdings keine Halfpipes oder andere Parcours für »Shredder«.

HEAVENLY VALLEY – FAKTEN

Gipfel	**3 060 Meter**
Talstation, Nevada	**2 194 Meter**
Talstation, Kalif.	**1 994 Meter**
Höhenmeter, Nev.	**866 Meter**
Höhenmeter, Kalif.	**1 067 Meter**
Längste Abfahrt	**8 850 Meter**
Schneefall	**762 Zentimeter**
Lifte	**1 Gondel, 18 Sessellifte, 6 Schlepper**
Schwierigkeitsgrad der Pisten	**20 % Anfänger 45 % mittelschwer 35 % Fortgeschrittene**
Gesamtfläche der Pisten	**1 920 Hektar**
Liftkapazität pro Stunde	**33 000 Personen**
Skisaison	**Mitte November – April**
Adresse	**Heavenly Ski Resort P.O. Box 2180 Stateline, NV 89449 Tel.: (702) 586-7000**

UNTERBRINGUNG

In South Lake Tahoe gibt es über 200 Hotels, Motels und Apartmentkomplexe für buchstäblich jeden Preis. Von der Präsidentensuite bis zum einfachsten Hotel. Die meisten Hotels bieten Winterpakete an, die den Preis für das Liftticket einschließen. In der Hauptsaison muß man zwischen 45 und 200 Dollar pro Person und Nacht rechnen. In den Casino-Hotels gibt es kein Preislimit nach oben. Vorschläge siehe Südufer.

RESTAURANTS

Die Möglichkeiten in South Lake Tahoe sind unbegrenzt. Von Burritos bis Sushi findet man hier alles. Folgende Restaurants sind oben im Skigebiet:

Pistenlunch

Heavenly hat zahlreiche Restaurants und Cafeterias für den schnellen Snack zwischendurch. Auf der kalifornischen Seite **Top of the Tram** an der Talstation der Gondel und **Sky Meadows** an der Talstation des Sky Chair. Auf der Nevada-Seite sind das die **Boulder Base Lodge** und die **Stagecoach Lodge** am Stagecoach Lift sowie die **East Peak Mountain Lodge** am East-Peak-Sessellift. Alle Restaurants haben Sonnendecks. Das **Midway Sun Deck** ist ein beliebter Lunchtreff für Burger und Hot dogs im Freien. Hackfleisch und Würstchen kauft man hier roh und grillt sie selbst.

Abendessen

Christiania Inn: gegenüber der Tram in Heavenly Valley. Rustikale Feinschmeckerküche am offenen Kamin. Sehr bekannt, deshalb ist eine Reservierung dringend erforderlich. 3819 Saddle Road. Tel.: (916) 544-7337

Eagle's Nest: amerikanische und italienische Gerichte in viktorianischem Ambiente. An der Talstation in Nevada. 472 Needle Peak Road. Tel.: (702) 883-6478

Carlos Murphy's: amerikanisch-mexikanisch. Für Frühstück und Sonntagsbrunch besonders zu empfehlen. Billig! 3678 Highway 50

APRÈS-SKI UND NIGHTLIFE

Carlos Murphy's und die **California Bar** in der Base Lodge von Heavenly sind die ersten Adressen für ein Bier oder einen Cocktail nach einem Skitag.

Wer's ruhiger mag, trifft sich in der Bar des Christiania Inn am offenen Feuer für einen Drink.

Der Abtanzschuppen am Südufer heißt **Turtle's** und ist in der Round Hill Mall zu finden. Wer nach einem langen Skitag Casino-Entertainement mag, ist in South Lake Tahoe richtig: sieben Casinos direkt um die Ecke, 24 Stunden geöffnet.

WIE MAN HINKOMMT

Der kleine Flughafen South Lake Tahoe liegt nur fünf Minuten entfernt und wird von Alpha Air aus Los Angeles und aus Orange County angesteuert. Wer L.A. um sieben Uhr morgens verläßt, kann um 10 Uhr bereits auf der Piste stehen.

Reno Air, eine Fluglinie, die den Reno Airport aus Los Angeles, San Diego, Seattle, Portland, San Francisco und Ontario, Kalifornien, ansteuert, ist für alle eine Alternative, die unten am See wohnen wollen, um während ihres Urlaubs verschiedene Gebiete auszuprobieren. Die Fahrt von Reno nach South Lake Tahoe in einem Luxusbus dauert 75 Minuten.

Wer aus San Francisco mit dem Auto kommt, fährt über die Interstate 80 East zum US Highway 50 East. Fahrzeit: etwa vier Stunden.

Mammoth Mountain und June Mountain

Wie viele amerikanische Skiorte hat auch Mammoth seine Anfänge im Silber- und Goldrausch des vergangenen Jahrhunderts. Waren die Winter in den Sierras für die Glücksritter von einst grausamer Alltag, sind sie heute Urlaubsziel für Hunderttausende von Skifahrern, die in jeder Saison aus den Küstenregionen von Kalifornien zum Wintersport an den Mammoth Mountain kommen.

In Mittelkalifornien an den steilen Osthängen der Sierras gelegen, hat sich Mammoth mittlerweile zu einem der größten Wintersportgebiete Amerikas ausgewachsen, das heute annähernd so viele Skifahrer anzieht wie Vail, Colorado.

Die geographische Lage sorgt besonders im Frühjahr für ein atemraubendes klimatisches Spannungsfeld. Denn im April, wenn die Winterstürme den Berg immer noch fest im Griff haben, ist unten im Tal auf 1 000 Metern Höhe über dem Meeresspiegel bereits der Sommer angekommen. Dieser ungewöhnliche Gegensatz bietet Skiurlaubern eine Vielfalt an Möglichkeiten – bis hin zu Wanderungen durch Kaktuslandschaften an die heißen Thermalqellen von Hot Creek.

Mit 70 Prozent Sonnentagen im Winter ist das Wetter in den kalifornischen Bergen geradezu ideal.

Einer der angenehmsten und gleichzeitig unpraktischsten Aspekte von Mammoth ist die Abgeschiedenheit des Gebietes im Hinterland von Kalifornien. Im Westen an die Ansel Adams und John Muir Wildnis grenzend, im Osten an die enorme Leere Nevadas, ist der einstündige Flug mit Alpha Airlines aus Los Angeles allemal der bequemste Weg nach Mammoth.

Der abgeschiedene Standort mag einer der Gründe dafür sein, daß Mammoth trotz seiner Größe außerhalb Kaliforniens bislang nur wenig Aufmerksamkeit findet. Und selbst für Kalifornier ist der Ort mit dem Auto nur mühsam zu erreichen – wenn die Fahrt auch durch spektakuläre Landschaften führt. Noch ist das Gebiet in erster

Mammoth Mountain: romantische Ski-Idylle für Läufer aller Klassen.

Linie Wochenendziel für diejenigen Angelenos, die die $5^1/_2$ Stunden Fahrt Richtung Norden auf der Interstate 395 nicht scheuen.

Das Gebiet selbst ist so groß, daß man auch nach einer Woche immer wieder Neues entdeckt. 30 Lifte, darunter zwei Gondeln, kreuzen den Berg in allen Richtungen und öffnen Skiläufern so viele Möglichkeiten, daß man ohne eine Karte schnell die Orientierung verloren hat. Spezis, die den Berg kennen, versuchen Mammoth an einem einzigen Tag zu befahren, nicht alle Hänge – das wäre unmöglich –, aber alle Lifte einmal. Das Unterfangen erfordert eine exakte Planung der Route und einen wirklich starken Skifahrer, der ohne Pause von 8 Uhr bis 16 Uhr durchhalten kann.

Die Expertenhänge finden sich meist weiter oben am Berg. »Wipe Out« und »Drop Out« am Lift 23 sind zwei der wirklich anspruchsvollen Pisten, die selbst echten Könnern alles abverlangen. Durchschnittliche bis gute Skifahrer finden in Mammoth Mountain ein Paradies von mittelschweren Pisten, auf denen sie jederzeit eine gute Figur machen.

An Pulverschneetagen traben Einheimische und Kenner des Berges schon früh direkt zur Gondel, um ganz auf den Gipfel hinauf zu fahren. Von hier öffnen sich in alle Richtungen immer neue Hänge, je weiter man abfährt. Da das Gebiet enorm weitläufig ist, kann man bis in den Nachmittag hinein immer neue Ecken mit unberührtem Schnee finden.

Ein 1991 installiertes Netz von Schneekanonen garantiert bereits im Oktober eine perfekte Unterlage, auf die die Winterstürme dann nur noch ihre Pulverauflage schneien müssen.

Einziges Minus: die Architektur von Mammoth Lakes, dem Dorf am östlichen Ausläufer des Berges. Wie in einer Miniaturversion eines Vorortes von Los Angeles haben sich hier oft wenig attraktive Hotels und Apartmenthäuser in einem Bauboom unkontrolliert ausgebreitet. Und wie in L.A. fehlt auch in Mammoth Lakes ein Ortskern mit Kneipen, Restaurants und Geschäften, wie man ihn zum Beispiel aus Aspen, Colorado oder Park City, Utah kennt.

Statt dessen sind die Après-Ski-Vergnügsstätten in sogenannten »Malls« (Einkaufszentren) entlang der Hauptstraßen verteilt. Ohne Auto kommt man in Mammoth also nicht sehr weit.

Der Standort des Dorfes ist jedoch phantastisch. Wenn die Sierras im Hintergrund in ihrer ganzen Schönheit in den Winterhimmel ragen und die Wintersonne sich in den kleinen Seen am Südende des Ortes spiegelt, kann man sich eine romantischere Szenerie schwer vorstellen.

Wer hier Urlaub macht, bekommt ein zweites Skigebiet gleich mitgeliefert: June Mountain, die kleine Schwester, liegt neun Kilometer Luftlinie und 40 Kilometer per Straße von Mammoth entfernt, mitten im High-Sierra-Nationalwald. Das Gebiet hat sich in den vergangenen Jahren zu einem idealen Ziel für Familien entwickelt und ist mit seinen acht Liften und etwa 200 Hektar Skiterrain ein idealer Ausflugsort für Skifahrer, denen es in Mammoth auf Dauer ein wenig zu hektisch und unübersichtlich wird.

Die Pisten sind mit wenigen Ausnahmen für Skiläufer mittleren Könnens gedacht. Richtig schwierige Pisten gibt es aber auch: The Face, ein Hang, der vom Chalet direkt zur Basis hinunter führt, kann durchaus mit den steilsten Hängen von Mammoth mithalten. Powder Chute und Pro Bowl dürften selbst die besten Skiläufer zufriedenstellen. Doch Experten seien vorgewarnt: Zwar sind diese Hänge steil, doch ihre Anzahl ist extrem beschränkt.

Da die meisten Pisten des June Mountain relativ geschützt liegen – keiner der Hänge liegt über der Baumgrenze –, bleibt Pulverschnee hier länger liegen als in den offenen Bowls von Mammoth.

Mit einer Liftkapazität von 7 500 Skifahrern pro Stunde und maximal 2 000 Besuchern an einem durchschnittlichen Wochenende – in der Woche sind es selten mehr als 400 – sind Liftschlangen ein Fremdwort. Und an manchen Tagen kann man am June Mountain sogar richtig einsame Augenblicke in der Bergwelt erleben.

Snowboarder sind an beiden Bergen willkommen. Einsteiger dürften besonders am June Mountain schnell Spaß an dem neuen Sport finden. Für Könner gibt es hier eine erstklassige Halfpipe – June Mountain ist Austragungsort für nationale Snowboardwettkämpfe.

Mammoth Mountain – Fakten

Gipfel	3 377 Meter
Talstation	2 433 Meter
Höhenmeter	948 Meter
Längste Abfahrt	4 000 Meter
Schneefall	850 Zentimeter
Lifte	30 Lifte
Schwierigkeitsgrad der Pisten	30 % Anfänger 40 % mittelschwer 30 % Fortgeschrittene und Experten
Gesamtfläche der Pisten	1 400 Hektar
Skisaison	November – Juni
Adresse	Mammoth Mountain P.O. BOX 24 Mammoth Lakes, CA 93546 Tel.: (619) 934-2571

UNTERBRINGUNG

Die meisten der 30 000 Hotels, Motels, Lodges und Apartmentbetten befinden sich in Mammoth Lakes. Aber auch direkt am Berg gibt es eine Reihe von Unterkünften. Das **Mammoth Mountain Inn** ist mit 214 Zimmern das größte Hotel am Berg. Wer hier oben wohnen will, muß allerdings abends mit dem Bus oder dem Auto neun Kilometer nach Mammoth Lakes fahren, um etwas vom Nachtleben mitzubekommen.

Die Zahl der Apartments übertrifft die Zahl der Hotelzimmer bei weitem, deshalb ist die Auswahl hier sehr viel größer. Die Preise für Wohnungen liegen je nach Größe zwischen 70 und 400 Dollar pro Nacht. Über folgende Agenturen kann man Apartments buchen:

June Mountain – Fakten

Gipfel	3 101 Meter
Talstation	2 308 Meter
Höhenmeter	792 Meter
Längste Abfahrt	4 000 Meter
Schneefall	635 Zentimeter
Lifte	8 Lifte
Schwierigkeitsgrad der Pisten	35 % Anfänger 45 % mittelschwer 20 % Fortgeschrittene und Experten
Gesamtfläche der Pisten	200 Hektar
Liftkapazität pro Stunde	7 500 Personen
Skisaison	November – Juni
Adresse	June Mountain P.O. Box 146 June Lake, CA 93529 Tel.: (619) 648-7733

Mammoth Resort and Reservations & Realty Co.
P.O. Box 8527
Mammoth Lakes, CA 93546
USA
Tel.: (619) 934-4541

Mammoth Reservations Bureau
P.O. Box 1608
Mammoth Lakes, CA 93546
USA
Tel.: (619) 934-2528

Mammoth Sierra Reservations
P.O. Box 7054
Mammoth Lakes, CA 93546
USA
Tel.: (619) 934-8372

Hotels und Wohnungen

Mammoth Mountain Inn: komfortables Hotel oben am Berg, direkt an den Liften. Zwei Restaurants sind im Haus. Wer mehr als nur ein paar Tage bleibt, wird die Lage – fast neun Kilometer von Mammoth Lakes entfernt – als Nachteil empfinden.
P.O. Box 353. Mammoth Lakes, CA 93546.
Tel.: (619) 934-2581

Snow Goose Inn: hübsches Bed & Breakfast in Mammoth Lakes. Die Zimmer sind mit Antiquitäten eingerichtet. Ein üppiges Frühstück ist im Preis inbegriffen. Zwischen 78 und 168 Dollar pro Nacht.
P.O. Box 946. Mammoth Lakes, CA 93546.
Tel.: (619) 934-2660

Sierra Nevada Inn: komfortable Hotelzimmer mitten in der Stadt ab 65 Dollar. Chalets ab 280 Dollar pro Nacht. Der Bus zum Berg hält um die Ecke.
P.O. Box 918. Mammoth Lakes, CA 93546.
Tel.: (619) 934-2515

Kitzbuhel Lodge: Zimmer für drei und Schlafsäle für bis zu 14 Personen. Großes Eßzimmer und sehr geräumige Gruppenküche. Hier kostet die Übernachtung zwischen 17 und 22 Dollar.
P.O. Box 433. Mammoth Lakes, CA 93546.
Tel.: (619) 934-2352

Ullr Lodge: Schlafsäle ausschließlich für Männer. Bad und Toiletten sind auf dem Gang. Die Übernachtung kostet weniger als 20 Dollar pro Nacht. Liegt in Mammoth Lakes direkt an der Shuttle-Route.
P.O. Box 53. Mammoth Lakes, CA 93546.
Tel.: (619) 934-2454

RESTAURANTS

Mehr als 50 Restaurants jeder Geschmacksrichtung machen die Wahl zur Qual. Von billigen Hamburger-Schuppen bis zu teuren Feinschmeckerrestaurants bietet Mammoth Lakes alles, was ein Skifahrergaumen begehrt.

Frühstück

Good Stuff: Vollwertfrühstück für Gesundheitsbewußte. In der Old Mammoth Mall. Tel.: (619) 934-1734

Swiss Cafe: frischgebackene Croissants und Muffins. Gute Omelettes und Pancakes. Die ideale Grundlage für einen langen Skitag. Billig!
Old Mammoth Road. Tel.: (619) 934-6196

Pistenlunch

Es gibt zahlreiche Cafeterias und Bergrestaurants, in der Main Lodge, der Warming Hut II und dem Mid Chalet.

Fans schweizerisch-amerikanischer Atmosphäre sollten im **Yodler Restaurant**, (619) 934-0636, vorbeischauen. Für den kleineren Imbiß empfehlen sich außerdem die Cafeterias am Sessellift 2, 14 und 15.

Abendessen

Mountainside Grill: hübsches Restaurant am Berg im Mammoth Mountain Inn. Ausführliche Weinkarte! Die Pfeffersteaks sind empfehlenswert.
Tel.: (619) 934-2581

Roget's: gilt als das beste Restaurant von Mammoth. Europäische Küche in ungewöhnlichen Kombinationen. Teuer! Reservierung ist erforderlich.
Highway 203/Ecke Minaret Road. Tel.: (619) 934-466

Lakefront: kalifornische Küche in romantischer Atmosphäre in der Tamarack Lodge. Exzellente Weinliste. Fahren Sie auf der Lake Mary Road Richtung Twin Lakes.
Tel.: (619) 934-2442

Berger's: Riesen-Hamburger, Geflügel, Salate und Eintöpfe. Guter Karotten- und Käsekuchen. Hier trifft man viele Einheimische und Studenten.
Minaret Road. Tel.: (619) 934-6622

Whiskey Creek: der beliebteste Hangout der Einheimischen. Die Steaks sind groß und erstklassig.
Tel.: (619) 934-2555

Angels: Ribs und andere Grill-Spezialitäten in heftigen Portionen zu Spottpreisen.
Old Mammoth Road. Tel.: (619) 934-7424

APRÈS-SKI UND NIGHTLIFE

Oben im Skigebiet sind das **Yodler Restaurant** und der **Mountainside Grill** die Abhänger für die ersten Drinks nach getaner Arbeit. Das Nachtleben allerdings findet in Mammoth Lakes statt. Die Aufreißerschuppen heißen **The Whiskey** (Ecke Main Street und Minaret Road, Tel.: 934-2555) und **The Rafters** (Old Mammoth Road, Tel.: 934-2537). Hier lauern knackige Kerle und blonde Mädels aus L.A. auf Beute für die Nacht.

WIE MAN HINKOMMT

Wer aus Los Angeles mit dem Auto kommt, fährt die State Route 14 bis zum US Highway 395, Richtung Norden bis zur Ausfahrt Mammoth Lakes, dann nach links auf den Highway 203. Wer aus San Francisco anreisen sollte, kommt über die Interstate 80 auf die 395 Richtung Süden bis zur Ausfahrt Mammoth Lakes, dann auf den Highway 203. Von Reno fährt man die Interstate 395 Richtung Süden bis zur Ausfahrt Mammoth Lakes, danach wie gehabt auf dem Highway 203 bis Mammoth Lakes. Egal aus welcher Richtung man kommt, die Anfahrt ist wunderschön.

Alpha Air Lines verbindet das Los Angeles Imperial Terminal (15 Minuten vom Los Angeles International Airport entfernt) mit dem John Wayne Flughafen in Mammoth Lakes. Der Hin- und Rückflug kostet zwischen 200 und 300 Dollar.

NEW MEXICO

Taos

Taos ist ein Traum am Ende einer anderen Welt. Kein Flugzeug landet auch nur in der Nähe. Albuquerque, mehr als zwei Autostunden entfernt, ist der einzige Airport weit und breit.

Wer in Taos seinen Skiurlaub verbringt, verabschiedet sich vom Alltag und taucht ein in ein Universum atemberaubender Kontraste: weiße Gipfel, die aus verbrannten roten Mesas in den kobaltblauen Himmel ragen, alpenländischer Charme inmitten wilder Indianerlandschaft, beinharter Skisport und lichterfüllte Malerei.

Das Zentrum des Skigebietes ist das Taos Ski Valley an der Grenze zum Carson Nationalwald – eine kleine Gemeinde, etwa 29 Kilometer nördlich der Stadt Taos, von dem gebürtigen Deutschen Ernst Hermann Bloch alias Ernie Blake in den 50er Jahren gegründet. Mit einer Handvoll Indianern baute Blake 1955 den ersten Lift und verwandelte die verrottenden Überreste der Goldgräberstadt Twining in ein uriges europäisch anmutendes Skidorf.

Der alpenländische Einfluß ist überall spürbar. Die meisten Besitzer der Hotels und Lodges kommen aus der Schweiz, aus Frankreich oder haben deutsche Ahnen. Tradition wird in Taos großgeschrieben. Viele Urlauber sind Stammkunden und kommen jedes Jahr. Deshalb ist eine frühzeitige Planung für jeden Taos-Urlaub unverzichtbar.

Der Ort Taos selbst, etwa 29 Kilometer südlich, bietet ein ganz anderes Ambiente – ein Paradies traditioneller Adobe-Architektur von seltener Authentizität. Für Zeitgenossen, denen ein reiner Skiurlaub zu monoton wäre, hält Taos ein 900 Jahre altes Indianer-Pueblo und unzählige Galerien bereit. Denn das Licht New Mexicos hat seit Jahrzehnten Künstler aus aller Welt gelockt, die hier arbeiten und ausstellen. Und dann ist da auch noch die Küche des amerikanischen Südwestens, die für echte Überraschungen gut ist.

Die Baumgrenze liegt hier in den südlichen Rockies

Spaziergang in Taos: Nirgends ist die Wintersonne wärmer.

bei 3 600 Metern. Und dies ist Teil der Faszination der Region. Versteckte Tiefschneefelder, steile und enge Schluchten, atemraubende Waldabfahrten – Taos hat davon, so viel man sich wünschen mag.

Aufgrund seiner extremen Höhe, der Lage im südlichen Sonnengürtel und dem Schutz, für den die Bäume sorgen, besitzt das Skigebiet genau jenen Widerspruch, den der

Skifahrer liebt: frischen Schnee und viel, viel Sonne. Man kann verstehen, warum Ernie Blake gerade hier seine Zelte aufschlug.

Mehr als die Hälfte der 72 Pisten sind Expertenterrain erster Güte, nur von guten Skifahrern mit Anstand zu bewältigen, und das ist auch Absicht. »Man darf nicht vergessen«, sagt Mickey Blake, Sohn von Ernie Blake, »dies ist ein steiler Berg. Und daran können wir nichts ändern. Aus Expertenterrain kann man keine Anfängerpisten machen!«

Castor und Pollux heißen zwei Waldhänge, die als Pisten kaum mehr zu bezeichnen sind und jedem guten Skifahrer als Herausforderung empfohlen seien. Die einzige Chance, ohne Kollision mit einem Baum ins Tal zu kommen, ist absolute Konzentration auf die Zwischenräume. Wer schlechte Reflexe hat und nach den Bäumen schaut, ist hier fehl am Platz.

Anfänger und Skifahrer mittleren Könnens werden in Taos nur wenig Spaß haben, denn die Anzahl der für sie geeigneten Pisten ist einfach begrenzt. Hänge wie Lower Stauffenberg oder Porcupine werden auf der Karte zwar als geeignet für durchschnittliche Fahrer ausgezeichnet. In anderen US-Skigebieten aber hätten diese Hänge mit Sicherheit einen schwarzen Diamanten.

Wer also echtes Anfängerterrain sucht, ist besser beraten, in eines der drei anderen Skigebiete zu fahren, die an Taos grenzen und weniger als eine Autostunde entfernt sind. Nachteil: Man braucht einen Mietwagen, denn es gibt keine öffentlichen Verkehrsmittel zwischen dem Skiort und der Stadt. Und ein Pendelbus verkehrt nur begrenzt.

Liftschlangen sind in Taos unbekannt. Mehr als 4 800 Tickets pro Tag werden grundsätzlich nicht ausgegeben, und der Berg könnte sehr viel mehr Skifahrer vertragen, ohne überlaufen zu wirken. Jeden Morgen sind sogenannte »Hosts« an den Liften und an den Gipfeln stationiert, um Urlaubern Fragen über die Hänge, den Pistenzustand und ähnliches zu beantworten. Ein Service, der auch ängstlichen Skifahrern schnell jede Furcht vor der gigantischen Topographie des Taos Ski Valley nimmt.

Die Skischule in Taos hat einen erstklassigen Ruf. Hierher kommen die Skilehrer aus den gesamten USA, um vor Saisonbeginn ihre Schwünge in Form zu bringen. Auch bei Urlaubern ist die Skischule außerordentlich beliebt. Jeder vierte Urlauber nimmt während seiner Skiferien Unterricht. Das hängt nicht nur mit der fantastischen Qualität der Lehrer zusammen. Die Skikurse hier sind auch gesellschaftliche Ereignisse, zu denen man sich gerne trifft, was das Skigebiet von Taos besonders für Singles attraktiv macht. Zu den ungewöhnlichen Gepflogenheiten der Skischule zählt zum Beispiel die Suche nach im Schnee versteckten Porrons, handgeblasenen mexikanischen Fläschchen, die unter Bäumen vergraben und mit Martini gefüllt sind. Auch die heiße Schokolade und die Limonade, von den Blake-Kindern am Lift gratis serviert, sollte es dort wider Erwarten mal eine Schlange geben, gehören zu der persönlichen Note, die die familiäre Atmosphäre Taos so attraktiv macht.

Taos ist vermutlich das letzte namhafte Skigebiet, das von Menschen betrieben wird, die nichts verändern wollen. Es gibt keinen ehrgeizigen Zehn-Jahres-Plan, keine Expansionvorhaben. Von zwei oder drei zusätzlichen Liften ist die Rede. Mehr nicht.

Snowboarder sind in Taos nicht willkommen. Die Familie Blake, die das Skigebiet betreibt, ist der Ansicht, daß alpine Skiläufer und Snowboarder keine gute Mischung auf den Hängen ergeben. Mono-Ski und Telemark-Ski sind jedoch erlaubt.

TAOS – FAKTEN

Gipfel	3 604 Meter
Talstation	2 808 Meter
Höhenmeter	796 Meter
Längste Abfahrt	8 450 Meter
Schneefall	792 Zentimeter
Lifte	10 Sessellifte, 1 Schlepper
Schwierigkeitsgrad der Pisten	24 % Anfänger 25 % mittelschwer 51 % Fortgeschrittene und Experten
Gesamtfläche der Pisten	400 Hektar
Skisaison	Ende November – Anfang April

UNTERBRINGUNG

Wer nach Taos zum Skifahren kommt, hat zwei Möglichkeiten. Er kann im Taos Ski Valley direkt an den Liften wohnen. Die Atmosphäre hier ist alpenländisch. Die Hotels sind fast alle Luxusklasse und nicht billig. Auch hier gilt: Je weiter der Weg zu den Liften, desto günstiger wird die Unterkunft. Wem es nichts ausmacht, nach einem langen Skitag 28 Kilometer im Auto zu sitzen, der hat in Taos selbst eine riesige Auswahl von Unterkünften aller Preislagen und natürlich den Vorteil, in die echte Atmosphäre des amerikanischen Südwestens einzutauchen. Nachteil: Man braucht einen Mietwagen.

Hotels und Wohnungen der Luxusklasse

St. Bernard Hotel: Hotelzimmer und Wohnungen direkt am Lift mit allem Luxus. Das Hotel ist im Besitz von Skischuldirektor Jean Mayer und hat ein erstklassiges

Restaurant. Ein Sieben-Tage-Paket inclusive drei Mahlzeiten kostet bei einer Doppelbelegung etwa 1 300 Dollar pro Person.
P.O. Box 89. Taos Ski Valley, New Mexico 87525.
Tel.: (505) 776-2251

Hotel Edelweiss: große Räume mit Ausblick auf den Berg, direkt an den Liften. Das Hotel hat Sauna und Jacuzzi. Ein Sieben-Tage-Paket inclusive Gourmetfrühstück, Abendessen, Lifttickets und Unterricht kostet im Doppelzimmer etwa 1 200 Dollar pro Person.
P.O. Box 89. Taos Ski Valley, New Mexico 87525.
Tel.: (505) 776-2301

Hondo Lodge: das erste Skihotel, das im Taos Ski Valley in den 50er Jahren eröffnete. 25 Zimmer und zwei Penthousesuiten mit Superaussicht. Sauna und Whirlpool im Haus. Doppelzimmer 120 bis 150 Dollar. Penthousesuiten 175 bis 275 Dollar.
P.O. Box 89. Taos Ski Valley, New Mexico 87525.
Tel.: (505) 776-2277

Sierra del Sol: mitten im Ort, nur Schritte von den Liften. Alle Apartments mit Ausblick auf den Berg. Läden, Restaurants und Pisten sind nur Schritte entfernt. Doppelzimmer etwa 150 Dollar pro Nacht.
P.O. Box 84. Taos Ski Valley, New Mexico 87525.
Tel.: (505) 776-2981

Hotels der mittleren Preisklasse

Quail Ridge Inn: nur wenige Minuten nördlich von Taos am Fuß der Sangre de Cristo Mountains und 25 Autominuten ins Skigebiet. Fitneßcenter, Tennis und Squash, Pool, Jacuzzi, Sauna inclusive. Je nach Jahreszeit und Art der Zimmer zwischen 60 und 325 Dollar für ein Doppelzimmer.
P.O. Box 707. Taos, New Mexico 87571.
Tel.: (505) 776-2211

Taos Inn: wenige Schritte vom Plaza in Taos entfernt. Das Taos Inn ist das kulturelle Zentrum von Taos. Die Lobby ist um den alten Stadtbrunnen gebaut und ein Treffpunkt für Künstler. Die Zimmer haben offene Adobe-Kamine und sind antik eingerichtet.
125 Paseo del Pueblo Norte, Taos, New Mexico 87571.
Tel.: (505) 758-2233

Sagebrush Inn: 1929 im Pueblo-Missions-Stil gebaut. Gäste haben die Wahl zwischen rustikalen Hotelzimmern mit offenem Kamin und eleganten Suiten. Zwei Restaurants im Haus. Tennis, Pool, Jacuzzi. Fünf Kilometer südlich des Taos Plaza am Highway 68. Etwa 80 Dollar für das Doppelzimmer
P.O. Box 557.Taos, New Mexico 87571.
Tel.: (505) 758-2254

Günstige Unterkünfte

El Pueblo Lodge: Adobe-Motel im Herzen von Taos und nur drei Kilometer vom Taos Pueblo entfernt. Beheizter Pool, Jacuzzi. Unterschiedlichste Räume, von Einzelzimmern bis zu Drei-Zimmer-Apartments mit Kamin und Küche. Der Pendelbus ins Skigebiet ist umsonst. Doppelzimmer 60 Dollar.
P.O. Box 92, Taos, New Mexico 87571.
Tel.: (505) 758-8700

Abominable Snowmansion: die billigste Unterkunft weit und breit. Unterbringung in Schlafsälen für 22 Dollar, inclusive Frühstück. 15 Autominuten ins Taos Ski Valley, 15 Autominuten vom Taos Plaza.
P.O. Box 3271, Taos, New Mexico 87571.
Tel.: (505) 776-8298

RESTAURANTS

Die besten Restaurants im Taos Ski Valley werden von den Hotels St. Bernard, Edelweiss und Thunderbird Lodge betrieben und bewirten in erster Linie die Gäste, die hier Vollpension gebucht haben. Nur eine sehr begrenzte Anzahl von Tischen steht für Besucher von außerhalb zur Verfügung. Einen Tisch muß man jedoch für gewöhnlich lange im voraus reservieren. Taos selbst, das man abends mit einem Pendelbus erreichen kann, hat eine enorme Anzahl guter Restaurants in allen Preislagen.

Frühstück

Im Taos Ski Valley hat **La Croissanterie** im Hotel Edelweiss das mit Abstand beste Frühstück. Der unter Einheimischen beliebteste Frühstücksladen in Taos heißt **Michael's Kitchen**.
304C Paseo De Pueblo Norte

Pistenlunch

Da die meisten Hotels Vollpension anbieten, ist die Anzahl der Pistenrestaurants begrenzt. Für Mittagssnacks empfiehlt sich der **Whitefeather Whistlestop** am Fuße des Lifts 6 oder der **St. Bernard Rathskeller**. An schönen Tagen ist ein Mittagessen auf dem Sonnendeck Pflicht. Gute Sandwiche, Eintöpfe und Suppen.

Abendessen

Taos Ski Valley:
Rhoda's Restaurant: breite Palette, von Pasta über mexikanische Küche bis zu rustikalen Wildspezialitäten und frischem Fisch. Die Preise sind moderat. Auch für ein deftiges Mittagessen zu empfehlen.
Ski Valley Resort Center. Tel.: (505) 776-2005

Tim's Stray Dog Cantina: exzellente mexikanische Küche. Tip: die Tequila Shrimps (Sahnesoße mit Tequilaschnaps und Schrimps) versuchen.
Tel.: (505) 776-2894

Dolomite Pizza: für Pizza und Pasta genau das richtige Restaurant.
Tel.: (505) 776-1868

Taos:
Doc Martins: Kreative und oft überraschende Südwest-Cuisine. Tip: Buffalo-Steak probieren. Außerdem: Truthahn-Enchiladas mit Blaumais-Tortillas. Im Taos Inn. Nicht ganz billig.
125 Paseo del Pueblo Norte, Taos. Tel.: (505) 758-2233

Apple Tree Restaurant: Küche New Mexicos, aber auch europäische Spezialitäten. Für unentschlossene Urlauber das richtige Restaurant. Die Desserts sind Weltklasse. Gute Weine. Gemütliche Ausstattung. Mittlere Preislage.
123 Bent Streeet, Taos. Tel.: (505) 758-1900

Sagebrush Inn: die besten Steaks und Prime-Ribs von Taos. Beeindruckende Salatbar. Reservierung unbedingt erforderlich.
Paseo del Pueblo Sur, Taos. Tel.: (505) 758-2245

APRÈS-SKI UND NIGHTLIFE

Ein ausgiebiges Gähnen ist die einzige Antwort auf die Frage nach dem Nachtleben des Taos Ski Valley. In die Après-Ski-Top-Ten jedenfalls kommt der Ort nicht. Für einen Cocktail oder ein Bier, nachdem die letzten Lifte geschlossen haben, empfehlen sich das Sonnendeck des **Hotel St. Bernard**, die **Martini Tree Bar** im Resort Center und die **Twining Tavern** in der Thunderbird Lodge. Sowohl in der Thunderbird Lodge als auch im St. Bernard spielt abends für gewöhnlich eine Live-Band mit einer Bandbreite von Musikstilen, die sich von Country bis zu Reggae spannt. Jazzliebhabern sei der Monat Januar empfohlen, wenn die Thunderbird Lodge ihr Jazzfestival veranstaltet, zu dem Topinterpreten aus dem ganzen Land anreisen.

Der Ort Taos ist nur wenig aufgeweckter, was das Nachtleben betrifft. Empfehlenswert: das **Sagebrush Inn**, wenn eine Country-Band spielt, der **Cabaret Room** der Kachina Lodge, wenn gerade eine interessante Gruppe im Ort ist, und die **Adobe Bar** im Taos Inn.

WIE MAN HINKOMMT

Derzeit ist Taos schwer zu erreichen. Der nächstliegende Flughafen ist Albuquerque 215 Kilometer im Süden. Von dort fährt man mit dem Auto noch fast drei Stunden bis ins Skigebiet. Nicht jedermanns Geschmack, auch wenn die Fahrt durch atemberaubende Landschaften führt. Ein Mietwagen ist unbedingt zu empfehlen, denn die Busverbindungen zwischen Taos und dem Taos Ski Valley, 30 Minuten voneinander entfernt, lassen sehr zu wünschen übrig.

Sollte der in Taos geplante Flughafen mit einer Landebahn für mittelgroße Jets bis zu nächsten Saison fertig sein, entfällt die lange Anfahrt mit dem Auto.

UTAH

Schnee gibt es in Utah in solchen Mengen, daß man das Wort hier eigentlich in Großbuchstaben schreiben müßte. Jedoch nicht Schnee von der Art, aus der sich Schneemänner bauen und gute Schneebälle formen lassen. Der Schnee, den die pazifischen Stürme über die Wasatch Front treiben, ist so locker und trocken, daß man an einem sonnigen Tiefschneetag besser durch die Nase atmet, um sich nicht an den aufwirbelnden Flocken zu verschlucken. Das Geheimnis dieses Schnees ist das relativ trockene, kalte Klima, das Schneekristalle produziert, die in ihrer Struktur sehr dünn und symmetrisch sind und sich wie feinste Daunen auf die Pisten legen.

Der Little Cottonwood Canyon, in dem die Skigebiete Alta und Snowbird zu Hause sind, ist besonders gesegnet mit Schneestürmen, die das weiße Gold bringen. Hier fallen in einer Saison nicht selten bis zu zwölf Meter – davon kann man in den großen Skigebieten der Alpen nur träumen. Es soll gutverdienende Wall-Street-Anwälte gegeben haben, die ihre Karriere für einen Skilehrerjob aufgegeben haben, um sich im Little Cottonwood Canyon, dem gelobten Land aller Tiefschnee-Enthusiasten, anzusiedeln.

Kein US-Bundesstaat hat eine solch enorme Auswahl unterschiedlicher Terrains zu bieten, auch wenn die Gebiete Utahs, im Vergleich mit den großen Orten in Kalifornien und Colorado, ruhig und klein sind. Doch das ist Teil der Magie eines Skiurlaubs im Mormonenstaat. Keines der großen Skigebiete Utahs ist mehr als 45 Autominuten von Salt Lake City entfernt. In keiner anderen Region der USA liegen so viele Wintersportorte so nahe an einem internationalen Flughafen, mit Ausnahme von Reno/Lake Tahoe vielleicht. Doch Reno wird von sehr viel weniger Fluglinien und sehr viel seltener angeflogen als Salt Lake City.

Da der Busverkehr in die Skigebiete erstklassig organisiert ist (sechs Dollar kostet die Hin- und Rückfahrt), sei Urlaubern, die gleich mehrere Skigebiete kennenlernen und dabei auch noch Geld sparen wollen, eine Unterkunft in Salt Lake City empfohlen. Die Fahrten nach Snowbird, Alta, Park City und Deer Valley sind ein Kinderspiel. Wer es bequemer haben will und nicht gerne Bus fährt, mietet am Flughafen ein Auto für die Dauer des Trips (etwa 150 Dollar die Woche mit Skiträgern) und ist damit völlig unabhängig von öffentlichen Verkehrsmitteln. Die 1,3-Millionen-Stadt Salt Lake City gehört übrigens zu den wenigen amerikanischen Metropolen, die auch bei Nacht für Fußgänger völlig sicher sind.

Das Gerücht, daß es im Mormonenstaat keinen Alkohol und kein Nachtleben gibt, hält sich leider immer noch und wird mit jedem Jahr falscher. Denn im Laufe des letzten Jahrzehnts haben sich die Alkoholgesetze in Utah drastisch geändert, und auch was Nachtleben und Kultur betrifft, hat sich in Salt Lake City und den Skiorten im Umkreis enorm viel getan.

Auch in einem der berühmten Schneestürme Utahs macht Skilaufen Spaß.

Salt Lake City

UNTERBRINGUNG

Wer in Salt Lake City absteigt, hat die Auswahl zwischen unzähligen Hotels und Motels jeder Preisklasse. Meist sind die Übernachtungen in Salt Lake City günstiger als in den Skigebieten. Wer in Salt Lake City wohnt, hat außerdem den Vorteil eines breiten kulturellen Angebotes, das die Skiorte natürlich nicht bieten können.

Urlaubern, für die die Ferienatmosphäre eines Skidorfes wichtiger Bestandteil des Vergnügens ist, sollten sich allerdings genau überlegen, ob sie in Salt Lake City wohnen wollen. Denn daran besteht kein Zweifel: Salt Lake City ist eine echte Großstadt.

Hotels

Das **Salt Lake Marriott** liegt direkt gegenüber vom Salt Palace, der Sportarena, in der das Basketballteam Utah Jazz zu Hause ist. Das Hotel ist mit dem Einkaufszentrum Crossroads Plaza Mall verbunden. Doppelzimmer zwischen 69 und 149 Dollar.
Tel.: (801) 531-0800

Das **Red Lion** liegt ein paar Blocks weiter im Süden, Doppelzimmer kosten pro Nacht 59 bis 99 Dollar.
Tel.: (801) 328-2000

Im Umkreis der West Temple und 500 South Street gibt es eine ganze Reihe guter Hotels: Empfehlenswert sind das **Little America Hotel and Towers** wegen seiner enorm großen Zimmer und schönen Aussicht. Doppelzimmer 65 bis 108 Dollar pro Nacht.
Tel.: (801) 363-6781

Außerdem das **Embassy Suites Hotel**, Doppelzimmer 89 bis 99 Dollar. Tel.: (801) 359-7800, und das **Salt**

Lake Hilton, Doppelzimmer 92 bis 130 Dollar. Tel.: (801) 532-3344.

Wem Luxus nichts bedeutet, der hat in Salt Lake City die Auswahl zwischen einer ganzen Reihe von Motels. Empfehlenswert sind **Travelodge Salt Palace**, Tel. (801) 532-1000, **Travelodge Temple Square**, Tel.: (801) 533-8200, **Travelodge City Center**, Tel.: (801) 531-7100, **Desert Inn**, Tel.: (801) 532-8900 und das **Best Western Olympus Hotel**, Tel.: (801) 521-7373. Alle erwähnten Motels haben Doppelzimmer zwischen 35 und 55 Dollar.

Eine komplette Liste von Hotels, Motels und Bed-&-Breakfast-Pensionen ist erhältlich beim:

Salt Lake City Convention
and Visitors Bureau
180 South West Temple
Salt Lake City, Utah 84101
USA
Tel.: (801) 521-2822

RESTAURANTS

Downtown Salt Lake City hat mehr als 60 Restaurants. In den meisten ist man in lässiger Après-Ski-Kleidung genau richtig. Für die feineren Adressen sollte man ein Jackett mitbringen.

Abendessen

Nino's: der eleganteste und teuerste Italiener in Salt Lake. Erstklassige Küche. Herren nur mit Jackett! Reservierung empfehlenswert.
136 East South Temple. Tel. (801) 359-0506

Baci's Trattoria: sehr guter Italiener, in dem es ein wenig lockerer zugeht.
134 West Pierpont Avenue. Tel. (801) 328-1500

On's Chinese: bei weitem der beste Chinese in Salt Lake City.
Crossroads Plaza. Tel. (801) 328-0888

New Yorker: phantastisches Steakrestaurant, elegante Atmosphäre.
60 Post Office Place. Tel. (801) 363-0166

Lanb's: Utahs ältestes Restaurant öffnete 1919 seine Türen und ist heute so beliebt wie damals.
169 South Main. Tel. (801) 364-7166

The Green Parrot: amerikanische Küche, erstklassige Burger und Steaks. Zum Abendessen gibt's Jazz und Blues live.
155 West 200 South. Tel. (801) 363-3201

APRÈS-SKI UND NIGHTLIFE

Wer noch vor wenigen Jahren in Utah eine Flasche Wein zum Abendessen trinken wollte, mußte sie in einem staatlichen Alkoholgeschäft kaufen und im Restaurant für eine Korkgebühr öffnen lassen. Heute servieren die meisten Restaurants nach 1 Uhr mittags Wein und Cocktails.

Und auch Bars gibt es mittlerweile nicht nur in Salt Lake City, sondern auch in den Skiorten: in Form von »Private Clubs«, in denen man für eine Gebühr von fünf Dollar 14 Tage lang Mitglied werden kann und somit Zugang zu alkoholischen Getränken rund um die Uhr hat.

WIE MAN HINKOMMT

Der Salt Lake City International Airport wird von neun großen Fluglinien angeflogen und ist Knotenpunkt für Delta Airlines. Tägliche Flüge aus den Metropolen Los Angeles, New York, Houston, Chicago, Washington, D.C., Seattle, Philadelphia und Miami.

Park City und Deer Valley

Im Ontario Canyon, nur fünf Minuten voneinander entfernt, liegen zwei der beeindruckendsten Skigebiete Utahs: Park City, eine alte Silberminenstadt mit viel Geschichte, und Deer Valley, Amerikas teuerstes und luxuriösestes Skigebiet, 1980 von dem Unternehmer Edgar Stern eröffnet. Beide Orte sind nur etwa 40 respektive 45 Minuten vom Flughafen in Salt Lake City entfernt. Wer also einen frühen Flug in New York erwischt, ist bereits mittags zum Skifahren auf der Piste. Ideal für Urlauber, die eine übermäßig lange Anreise vermeiden wollen.

Park City

Wer in Park City vor etwa einem Jahrhundert vorbeischaute, fand eine ungeteerte Hauptstraße, etwa 30 Saloons, zahllose Bordelle, eine Chinatown, zwei Bahndepots, Theater, Läden und die Hütten von Silberschürfern, die die Berghänge bevölkerten.

Denn bereits in den 60er Jahren des vergangenen Jahrhunderts hatten Abenteurer die extrem ergiebigen Silberminen im Ontario Canyon entdeckt. Die Nachricht von den Schätzen Utahs verbreitete sich schnell über die ganze Welt. Silber im Wert von mehr als 400 Millionen Dollar sollten die Schürfer in den kommenden Jahrzehnten aus den Bergen holen. Doch auch Park City fiel dem großen »Crash« Ende der 20er Jahre zum Opfer. Sinkende Mineralpreise beendeten den großen Boom.

Erst in den 60er Jahren begann die Erschließung des Berges als Skigebiet. Und die Anfänge waren recht bescheiden. 1963 lockte die United Park City Mines Company zum ersten Mal Skiläufer in die Region und karrte sie auf den Berg. Nicht mit Liften, sondern in Tunneln und Minenschächten. So fuhren die Wintersportler mit einem Minenzug mehr als fünf Kilometer ins Innere des Berges und wurden dann in Körben fast 600 Meter nach oben befördert. Das Ganze dauerte seine Zeit, war aber besser als der Aufstieg zu Fuß.

Heute ist Park City der größte aller Wintersportorte in Utah und sicherlich eines der besten Tiefschneegebiete der Welt. Bei einem durchschnittlichen Jahresschneefall von fast neun Metern, 83 Abfahrten, fast 1 000 Metern Höhendifferenz zwischen Gipfel und Talstation und einer Liftkapazität von fast 20 000 Skiläufern pro Stunde nicht weiter verwunderlich.

Trotz dieser beeindruckenden Statistik ist der Charme des viktorianischen Silberschürferdorfes geblieben. Die gesamte Hauptstraße mit ihren mehr als hundert Jahre alten Lebkuchenhäusern ist akribisch restauriert und steht heute unter Denkmalschutz. Als Ausgangspunkt für einen Urlaub, der auch die Gebiete Snowbird, Alta und Sundance einbezieht, ist Park City also geradezu ideal für Urlauber, denen das rustikale Wild-West-Ambiente eines Skitrips in die Rockies etwas bedeutet.

Park City ist außerdem einer der besten Berge für Skifahrer, die die Herausforderungen steiler Buckelpisten nicht ständig brauchen. Mehr als die Hälfte aller Hänge ist mittelschwer oder für Anfänger geeignet. Ein Skitag in Park City ist also auch für diejenigen ein Erfolgserlebnis, die nicht so ganz in Hochform sind, wenn sie in den Skiurlaub reisen. Anfänger, selbst solche, die mit Mühe und Not einen Schneepflug zustande kriegen, können mit der Gondel zum Summit House fahren und haben über die Hänge Claimjumper, Bonanza und Sidewinder eine lange, einfache Abfahrt zur Talstation. Guten Skifahrern sei Blue Slip Bowl, McConkey's und Jupiter Bowl empfohlen; die Hänge hier sind echtes Könnerterrain, die schon so manchen Möchtegernextremisten das Herz in die Hose rutschen ließen.

Wer in einen normalen Wintertag nicht genug Skilauf unterbringt, kann in Park City auch im Flutlicht fahren – am Payday-Lift von 16 bis 22 Uhr, sieben Tage die Woche. Weil der Ort auf das traditionelle Wintersporterlebnis großen Wert legt, sind Snowboards nicht erlaubt.

Mit annähernd 70 Restaurants, 20 Clubs und einem Riesenangebot, das vom legendären Sundance-Film-Fe-

Perfekter Pistenservice: präparierte Hänge für gezirkelte Schwünge.

stival über Heißluftballonfahrten, Theater, Pferdeschlittenfahrten bis hin zum Eislauf reicht, bleiben in Park City wenig Urlauberwünsche offen. Auch Nachtleben gibt es in Park City mehr, als man es von einem Urlaubsort in Utah erwarten würde. Und, ja: Park City hat sogar eine eigene kleine Brauerei.

Freunden süßer Schleckereien sei ein Besuch bei Mrs.

Fields angeraten, um Cookies zu probieren. Die US-Kette hat hier in Park City übrigens ihren Firmensitz. Weil Park City, wie auch Deer Valley, teurer ist als Alta und Snowbird, sind die Berge fast nie mit Wochenendskiläufern aus Salt Lake City überlaufen.

PARK CITY – FAKTEN

Gipfel	**3 050 Meter**
Talstation	**2 105 Meter**
Höhenmeter	**946 Meter**
Längste Abfahrt	**5 600 Meter**
Schneefall	**889 Zentimeter**
Lifte	**12 Sessellifte**
Schwierigkeitsgrad der Pisten	**17 % Anfänger 49 % mittelschwer 34 % Fortgeschrittene und Experten**
Gesamtfläche der Pisten	**880 Hektar**
Skisaison	**Mitte November – Mitte April**
Adresse	**Park City Ski Area P.O. Box 39 Park City, UT 84060 Tel.: (801) 649-5964**

UNTERBRINGUNG

Hotels und Wohnungen der Luxusklasse

The Resort Center Lodge & Inn: Skifahren bis vor die Hoteltür. Ein Hotelzentrum mit jedem Luxus: Sauna, Dampfbad, Fitneßclub, Schwimmbad und Whirlpool eingeschlossen. Der Pendelbus in den Stadtkern von Park City und nach Deer Valley ist umsonst. Doppelzimmer

ab 150 Dollar. Wohnungen für bis zu sechs Personen 365 Dollar pro Nacht.
1215 Lowell Avenue. Tel.: (801) 649-0800

The Blue Church Lodge & Townhouses: eine alte Kirche, die zu einer luxuriösen Lodge umfunktioniert wurde. Sieben elegante, sehr unterschiedliche Suiten, die bis zu vier Schlafzimmer und einen offenen Kamin im Wohnzimmer haben. Inklusive Fitneßclubs und Whirlpools, Spielräumen und Frühstück. Zimmer mit Bad von 65 bis 115 Dollar. Wohnungen mit drei Schlafzimmern (für bis zu sechs Personen) 155 bis 345 pro Nacht. Die Lodge liegt im Herzen des historischen Distrikts von Park City und nur einen Block von der Hauptstraße mit all ihren Restaurants und Geschäften entfernt, 2 1/2 vom Town-Lift entfernt.
424 Park Avenue, Park City, Utah 84060.
Tel.: (801) 649-8009

Silver King Hotel: erstklassige Hotelsuiten und Apartments, nur etwa 100 Meter von den Liften. Alle Wohnungen sind elegant eingerichtet und haben einen offenen Kamin. Sauna, beheiztes Hallen- und Freibad, Whirlpool etc. Suiten ab 200 Dollar bis zu 550 Dollar (für sechs Personen).
1485 Empire Avenue, Utah 84060.
Tel.: (801) 649-5500

Washington School Inn: einstmals Park Citys erstes Schulhaus, heute ein luxuriöses Country Inn, das den Komfort eines Hotels mit der Intimität einer Bed-&-Breakfast-Pension verbindet. Die Zimmer sind voller Antiquitäten. Im Preis inbegriffen sind Frühstück und Après-Ski-Snacks. Zimmer von 75 bis 185 Dollar. Suiten zwischen 120 und 240 Dollar. Weniger als einen Block vom Town-Lift und nur einen kurzen Fußweg von den Geschäften, Galerien und Restaurants entfernt.
543 Park Avenue. Park City, Utah 84060.
Tel.: (801) 649-3800

Hotels der mittleren Preisklasse

Prospector Square Hotel: großes Hotel mit allen Annehmlichkeiten. Darunter ein Fitneßclub, der als offizielles Trainingszentrum der US-Skinationalmannschaft dient. Whirlpools, Sauna, Solarium, Massage, Dampfbad und der größte überdachte Pool des Ortes stehen zur Verfügung. Drei Kilometer zu den Liften. Der ständig verkehrende Pendelbus ist umsonst. Das Grub Steak Restaurant befindet sich im Haus. Hotelzimmer ab 89 Dollar. Suiten für bis zu sechs Personen ab 196 Dollar.
2200 Sidewinder Drive. Park City, Utah 84060.
Tel.: (801) 649-7100

Olympia Hotel: vom amerikanischen Automobil-Club AAA mit vier Diamanten ausgezeichnet. Pool, Sauna, Fitneßclub und Restaurant im Haus. Fünf Minuten von den Liften entfernt. Hotelzimmer während der Hauptsaison ab 100 Dollar.
1895 Sidewinder Drive. Park City, Utah 84060.
Tel.: (801) 649-2900

Old Miners' Lodge: ein historisches Gebäude aus dem Jahr 1893, mitten in der Altstadt von Park City. Völlig renoviert und mit Antiquitäten eingerichtet. Nur zehn Zimmer und Suiten. Zimmer 90 bis 145 Dollar, Suiten 135 bis 185 Dollar. Frühstück im Preis inbegriffen. Gemütliches großes Wohnzimmer mit offenem Kamin für alle Gäste. Ein Kilometer vom Town-Lift entfernt.
615 Woodside Avenue, Park City,
Utah 84060-2639.
Tel.: (801) 645-8068

Günstige Unterkünfte

Chateau Après Lodge: billig, billig. Für nur 16 Dollar kann man hier im Schlafsaal übernachten. Jungen und Mädchen getrennt! 50 Dollar kostet ein Doppelzimmer für zwei Personen. Außerdem kann man in der Lodge

preiswert frühstücken und zu Abend essen. 150 Meter zu den Liften.
1299 Norfolk Avenue, Park City, Utah 84060.
Tel.: (801) 649-9372

Alpine Prospector Lodge: Bed & Breakfast mitten im historischen Distrikt und nur drei Blocks vom Town-Lift entfernt. Zimmer mit eigenem Bad 40 bis 98 Dollar. Zimmer mit gemeinsamem Bad auf dem Flur 29 bis 78 Dollar
151 Main Street, Park City, Utah 84060.
Tel.: (801) 649-3483

Star Hotel: günstiges, historisches Hotel nur 1,5 Kilometer von den Liften entfernt. Zimmer mit Bad auf dem Flur kosten bei Doppelbelegung 41 Dollar pro Person und Nacht, Frühstück und Abendessen eingeschlossen.
227 Main Street, Park City, Utah 84060.
Tel.: (801) 649-8333

RESTAURANTS

Park City hat mehr als 70 Restaurants aller Preisklassen und Geschmacksrichtungen. Hier eine Auswahl der besten:

Pistenlunch

Vier Restaurants am Berg sorgen dafür, daß niemand hungrig Skilaufen muß. Besonders hübsch ist die restaurierte **Mid Mountain Lodge** am Webster-Hang. An einem blitzblauen Wintertag ist eine Stunde auf dem Sonnendeck ein Muß. Die **Snow Hut** am Fuße des Prospector-Lifts ist ein guter Tip für ein rustikales Frühstück oder auch Mittagessen. Das Blockhaus hat eine große Sonnenterasse und einen Grill im Freien. Prima Blick auf den Prospector und die King-Con-Hänge. **Steeps/Base Cafe** in der Talstation der Gondel sind für alle drei Mahlzeiten offen. Steeps im Obergeschoß ist ein echtes

Restaurant, das besonders zum Après-Ski lebhaft wird. Live-Musik! Das **Summit House** über der Gondel-Bergstation ist eine typische Skicafeteria mit offenem Kamin und einem 50-Meilen-Blick vom Sonnendeck.

Abendessen

Alex's: erstklassige französische Küche. Nicht billig. Hauptspeisen zwischen 14 und 20 Dollar.
442 Main Street. Tel.: (801) 649-6644

Adolph's: Küche mit amerikanischen und Schweizer Akzenten. Extrem gut und teuer!
1541 Thyanes Drive. Tel.: (801) 649-7177

The Depot: österreichische Spezialitäten zu Live-Piano-Musik.
660 Main Street. Tel.: (801) 649-2102

Mileti's: der beste Italiener des Ortes.
Main Street. Tel.: (801) 649-8211

Ichiban Sushi: sehr gutes japanisches Sushi-Restaurant. Absolute Ausnahme in den USA: Es regiert eine in Japan ausgebildete weibliche Sushi-Köchin. Hier essen auch japanische Touristen!
Main Street. Tel.: (801) 649-2865

Scrooge: besonders für Urlauber, die mit Kindern nach Park City kommen, ein Muß. Hier wird das ganz Jahr über Weihnachten gefeiert. Das Essen ist billig. Zwischen 10 und 15 Dollar pro Person einkalkulieren.
Main Street. Tel.: (801) 649-9627

Texas Red's Pit Barbeque: für Steak-Freunde der Deal des Jahrhunderts: Das 16 Unzen schwere T-Bone-Steak kostet 10.95 Dollar.
440 Main Street. Tel. (801) 649-7337

Riverhorse Cafe: neue amerikanische Küche.
540 Main Street. Tel. (801) 649-3536

Barking Frog: scharfe Küche des amerikanischen Südwestens.
368 Main Street. Tel.: (801) 649-6222

APRÈS-SKI UND NIGHTLIFE

Das Gerücht, in Utah gebe es kein Après-Ski und Nachtleben, hält sich unverständlicherweise immer noch. Stimmt aber nicht. Skiurlauber, die nach Park City kommen, sind nicht nur zum Skifahren hier, sie verstehen auch zu feiern. Die meisten Kneipen allerdings servieren Alkohol aus Miniflaschen (wie die Fluglinien). Weil die meisten Bars sogenannte »Private Clubs« sind, muß man gegen eine kleine Gebühr Mitglied werden, um Prozentiges zu bekommen.

Für den Cocktail nach getaner Pisten-Arbeit trifft man sich im **Steeps** (Tel.: 649-3500) oder der **Baja Cantina** (Tel.: 649-2252), beide befinden sich im Resort Center.

Unbedingt sollte man zur Happy-Hour im **Wasatch**

Beliebter Treff für einen Pistenlunch:
Mid Mountain Lodge in Park City.

Brew Pub (Tel.: 645-9500) an der Main Street vorbeischauen, wo das Bier vor den Augen der Kunden gebraut wird.

Jüngere Singles treffen sich nach dem Abendessen im **The Club** (Tel.: 649-6693), das Obergeschoß mit dem Dancefloor ist eingerichtet wie ein plüschiges Bordell. Wer hierher kommt, will gesehen werden und natürlich auch selber schauen.

The Alamo (Tel.: 649-2380) ist ein richtiger Saloon mit Billardtischen und lauter Musik, hier fehlen nur die Sägespäne auf dem Boden.

Wenn das Tanzbein juckt, dann geht man ins **Z Place** (Tel.: 649-9772) oder ins **Cisero's** (Tel.: 649-6800), wo oft ausgesprochen gute Live-Bands spielen. Für Singles zwischen 20 und 40 sind das die richtigen Adressen.

Für ruhigere Semster mit ausgewähltem Musikgeschmack empfehlen sich **Mileti's** (Tel.: 649-8211) (gute Jazzbands) und **Adolph's** (Tel.: 649-7177) (gute Pianomusik).

Deer Valley

Nur 35 Minuten vom Flughafen in Salt Lake City liegt Amerikas teuerster und luxuriösester Wintersportort. Am Reißbrett von dem amerikanischen Unternehmer Edgar Stern geplant, ist der 1980 eröffnete Ort »eher ein Grand Hotel als ein Wintersportort«, so jedenfalls befand das amerikanische Magazin *Time*. Die Architektur ist anheimelnd, bar jeder Modernität sonstiger Retortengebiete und immer voller Reminiszensen an echt alpine Atmosphäre.

Luxus und Service werden hier großgeschrieben. Kaum ein Augenblick vergeht, in dem nicht eine hilfreiche Hand zur Stelle ist. Sogar die Skier werden von Pagen in dunkelgrünen Uniformen zum Hang getragen. Nur Skifahren muß man selbst.

Doch in diesem Paradies seidener Pisten ist auch das ohne größere Anstrengung möglich. Nirgendwo maniküren Schneekatzen in der Nacht die Hänge mit solcher Perfektion. Nirgendwo versucht man mit solcher Entschlossenheit, alle anstrengenden Aspekte des Wintersports auszuschalten. Liftschlangen sind in Deer Valley völlig unbekannt, denn die Anzahl der Tickets, die pro Tag verkauft werden, ist auf 4 500 Skipässe begrenzt. Unter Überfüllung leidet der Ort also nie. Das hängt natürlich auch mit den extrem hohen Preisen für Lifttickets zusammen (44 Dollar in der Saison 92/93), die das Gebiet besonders für die Einwohner von Salt Lake City wenig attraktiv machen.

Deer Valley, das bedeutet gediegene Entspannung ohne Irritationen. Alle kleinen Unbequemlichkeiten, die ein Skiurlaub sonst unweigerlich mit sich bringt, sind in dieser Wirklichkeit gewordenen Phantasiewelt für Wintersportler ausgeschaltet. So stehen an den Pisten Telefone für den schnellen Anruf beim Agenten genauso bereit wie an den Liften Kleenex-Boxen für laufende Nasen. Die Wasserhähne der öffentlichen Toiletten in der Talstation sind sogar vergoldet, und die Restaurants des Ortes dürften selbst empfindliche Gaumen zufriedenstellen.

Auch das Terrain spiegelt die Luxusphilosophie des Ortes wider. Die Hänge der drei Berge Bald Mountain,

Flagstaff und Bald Eagle Mountain sind mit Akribie parallel zur Fallinie angelegt. Und obwohl 35 Prozent als Pisten für Fortgeschrittene ausgewiesen sind, werden Super-Experten hier ihre Herausforderung nicht finden. Der Ontario Bowl, den man nach einer kurzen Traverse vom Gipfel des Flagstaff erreicht, kommt Expertenterrain noch am nächsten. Mit den Extreme Limits von Crested Butte zum Beispiel läßt sich das Gelände jedoch nicht vergleichen.

So ist das Skigebiet völlig auf Wintersportler eingestellt, die sich nicht täglich beweisen müssen und beim Skifahren auf den ultragepflegten Pisten einfach gut aussehen wollen. Die perfekte Spielwiese für lange schöne Schwünge und viele, viele Erfolgserlebnisse.

Auch die internationale Prominenz hat die Ruhe dieser Luxusskiarena entdeckt. In erster Linie, weil die Stars hier Ruhe genießen, die es in Aspen oder Vail nicht mehr gibt. Tom Hanks, Kevin Costner, Danny de Vito, Johnny Carson, Rick Astley – sie alle kommen nach Deer Valley, um sich hier (vor allem mit ihren Familien) im Winter zu erholen. Überhaupt ist im »Tal der Hirsche« alles auf Familie eingestellt. Für Singles ist der Ort mit seinem praktisch nicht existenten Nachtleben einfach zu ruhig.

Superteuer und jeden Dollar wert: Deer Valley.

DEER VALLEY – FAKTEN

Gipfel	**2 867 Meter**
Talstation	**2 196 Meter**
Höhenmeter	**671 Meter**
Längste Abfahrt	**2 250 Meter**
Schneefall	**762 Zentimeter**
Lifte	**11 Sessellifte**
Schwierigkeitsgrad der Pisten	**15 % Anfänger 25 % mittelschwer 35 % Fortgeschrittene**
Gesamtfläche der Pisten	**480 Hektar**
Skisaison	**Anfang Dezember – Anfang April**
Adresse	**Deer Valley Resort P.O. Box 1525 Park City, Utah 84060 Tel.: (801) 649-1000**

UNTERBRINGUNG

Deer Valley ist eines der teuersten Skigebiete Amerikas. Die Preise für Wohnungen und Hotelzimmer liegen zwischen 260 Dollar für eine kleine Wohnung im Deer Valley Condominium bis zu 1 200 Dollar pro Nacht in einer Vierzimmerwohnung. Eine Town-House-Suite mit vier Schlafzimmern in der Stein Erikson Lodge kostet zum Beispiel 1 975 Dollar.

Goldener Hirsch: Design und Ausstattung sind vom Goldenen Hirsch in Salzburg inspiriert. Das Hotel hat 20 Zimmer. Das Restaurant serviert exzellente österreichische Küche. Doppelzimmer gibt es ab 310 Dollar. 7570 Royal Street, East Park City. Tel.: (801) 649-7770

Stein Erikson Lodge: Das Hotel des einstmaligen Slalomkönigs wurde von der US-Zeitschrift *Condé Nast*

Traveler im Oktober 1992 zum besten Urlaubshotel in den USA gekürt. Hier findet man jeden erdenklichen Luxus. Doppelzimmer gibt es ab 375 Dollar.
7700 Steinway, Park City. Tel.: (801) 649-3700

Deer Valley Central Reservations: Mietwohnungen unterschiedlichsten Zuschnitts, direkt an den Liften oder mitten am Berg.
Deer Valley Drive South, Park City.
Tel.: (801) 679-1000

RESTAURANTS

Die größte und bessere Auswahl guter Restaurants findet man in Park City. Doch am Abend ist der Ort nicht ganz einfach zu erreichen, wenn man nicht ein Auto hat oder willens ist, 10 Dollar für ein Taxi zu bezahlen. Der Pendelbus zwischen den Orten Park City und Deer Valley verkehrt nämlich nur bis 22 Uhr.

Frühstück

The Huggery Restaurant: Frühstücks-Büfett von 8.00 Uhr bis 10.30 Uhr und Luxusfrühstück à la carte. Die Eggs Benedict sind erstklassig, genauso wie die Pancakes und die Buttermilchwaffeln mit frischen Früchten. Auch für einen Lunch unbedingt zu empfehlen.
In der Snow Park Lodge. Tel.: (801) 649-1000

Pistenlunch

McHenry's Grill: köstliche Sandwiche mit mariniertem Fleisch sowie zünftige Hamburger und Pizza. Auch ein guter Tip für ein Abendessen.
In der Silver Lake Lodge. Tel.: (801) 649-1000

Abendessen

Seafood Buffet: phantastisches Fischbüfett in der Huggery. Erwachsene bezahlen 34 Dollar und essen soviel sie können. Kinder bezahlen 17 Dollar.
In der Snow Park Lodge. Tel.: (801) 649-1000

Cafe Mariposa: Gourmet-Restaurant der internationalen Spitzenklasse. Wildspezialitäten sind besonders zu empfehlen. Romantische Atmosphäre.
In der Silver Lake Lodge. Tel.: (801) 649-1005

The Glitretind Restaurant: exzellente norwegische Spezialitäten. Nichts für Pfennigfuchser.
Stein Erikson Lodge. Tel. (801) 649-3700

Goldener Hirsch: österreichische Spezialitäten. Erstklassige Wildzubereitung. Reservierung empfehlenswert.
7570 Royal Street, East Park City. Tel.: (801) 649-7770

APRÈS-SKI UND NIGHTLIFE

Wer ruhige Abende am Kamin liebt, ist hier richtig. Die **Troll Hallen Lounge** in der Stein Erikson Lodge und die **Stag Lodge Lounge** in der Stag Lodge sind ideal für elegante Abende mit Freunden. Wer echtes Nachtleben sucht, wird's hier nicht finden. Da hilft nur ein Abstecher nach Park City.

WIE MAN HINKOMMT

Der Flug von New York nach Salt Lake City dauert etwa $4^1/_2$ Stunden. Alle großen Fluglinien fliegen den Salt Lake City International Airport an. Wer einen Wagen mieten will, fährt 40 Minuten auf der Interstate 80, dann über die Route 224 nach Park City. Die Hin- und Rückfahrt mit dem Bus von Salt Lake City nach Park City kostet 24 Dollar.

Snowbird und Alta

Der Little Cottonwood Canyon ist Heimat von zwei Skiorten, wie sie unterschiedlicher nicht sein können. Alta und Snowbird liegen nur wenige Minuten voneinander entfernt, doch Welten trennen die beiden Berge. Snowbird ist eines jener High-Tech-Skidörfer, wie man sie aus den französischen Alpen kennt. Alta dagegen hat mehr als ein halbes Jahrhundert Tradition – die Atmosphäre ist gemütlich, jedoch nicht ein bißchen exklusiv.

Was sensibleren Skiurlaubern in Snowbird besonders aufstoßen mag, sind vier monströse graue Hotel- und Apartmentgebäude aus Glas und Beton, die das Zentrum dominieren und in ihrer Funktionalität eher den Charme von Luftschutzbunkern haben als den eines Wintersportortes. In ihrem kompletten Angebot an Komfort, Kurbädern und Fitneß-Einrichtungen und atemberaubenden Aussichten von allen Zimmerfenstern läßt ein Hotel wie die Cliff Lodge allerdings kaum Wünsche offen. Wem funktionale Optik nichts anhaben kann und wer auf erstklassigen Service und Bequemlichkeit Wert legt, ist in Snowbird bestens aufgehoben.

Alta ist ganz anders: ein bodenständiger Skiort ohne falschen Schnickschnack und wirkt dabei so wenig kommerziell, daß man fast den Eindruck haben könnte, seine Besitzer wollten gar nicht dafür werben, sondern den Pulverschnee am liebsten für sich behalten. Einmal in Alta angekommen, werden Urlauber jedoch mit einer enormen Dosis von Herzlichkeit überschüttet, daß sich mancher Europäer kopfschüttelnd fragen mag, was wohl dahintersteckt.

Snowbird

Was Snowbird an Gemütlichkeit und Rocky-Mountain-Atmosphäre fehlen mag, macht das Skigebiet mit einem Berg wett, der keine Wünsche offen läßt. Anfänger seien jedoch gewarnt: Snowbird ist ein Skigebiet, in dem in

Pisten so steil wie die Architektur: Snowbird in Utah.

erster Linie Fortgeschrittene ihren Spaß haben. Der Ort prahlt gerne mit seinen anspruchsvollen Pisten. Um Urlauber nicht ganz zu verschrecken, hat man die wilden Hänge wenigstens auf dem Papier gezähmt. Wer nach Snowbird fährt, sollte wissen, daß die Anfängerpisten auf der Karte in den meisten Skigebieten bereits als mittelschwer gelten würden und die blau markierten Hänge für mittelgute Skiläufer eigentlich nur Fortgeschrittenen zu empfehlen sind. Wer die schwarzen Pisten von Snowbird ansteuert, sollte ziemlich genau wissen, was er tut.

Mehr als die Hälfte des 800 Hektar großen Skigebietes ist eine ideale Spielwiese für Fortgeschrittene und Experten. Eine Kabinenbahn bringt 125 Skiläufer in acht Minuten auf den Hidden Peak und erschließt das Gebiet am Peruvian Gulch und im Gad Valley. Hat es in der Nacht zuvor geschneit, kommt es hier morgens oft zu ziemlichem Gedränge, denn jeder will die ersten Schwünge in den jungfräulichen Schnee ziehen.

Und das ist kein Wunder, denn der Schnee von Snowbird gilt als der beste der Welt. Selbst die Helikopterguides aus den kanadischen Rockies messen die Qualität ihres eigenen Schnees an dem weißen Gold von Snowbird.

Experten sei The Cirque ans Herz gelegt, 1 000 Höhenmeter steiles Terrain, in dem nur der tiefe Schnee den freien Fall verhindert. Wer in den oberen Silver Fox, Great Scott oder Upper Cirque einsteigt, verdient es, als Skiläufer ernst genommen zu werden.

Wer das Skigebiet angstfrei kennenlernen will, kann den Berg zusammen mit einem Führer erkunden. Einführungstouren beginnen täglich um 9 Uhr, 10 Uhr und 13 Uhr und kosten nichts. Die Skifahrer werden je nach Können in unterschiedliche Gruppen eingeteilt und können so die Pisten kennenlernen, die sie am meisten interessieren.

Wer Schlangen vermeiden will, sollte bereits morgens um neun Uhr auf der Piste sein. Die Lifte Gad II und Little Cloud sind bis elf Uhr wenig frequentiert. Ab 12.30 Uhr werden die Schlangen auch unten an der Gondel kürzer. Vormittags ist die Talstation jedoch eine Nadelöhr, das man möglichst vermeiden sollte.

Snowboarder sind in Snowbird willkommen, allerdings gibt es weder Halfpipe noch andere spezielle Strecken für Snowboarder. Eines der besten Helikopter-Outfits Amerikas sind die **Wasatch Powderbird Guides –** P.O. Box 57, Snowbird, UTAH 84092. Tel.: (801) 742-2800. Ein Tiefschneetag im Wasatch und Uinta Nationalwald ist ein Muß.

SNOWBIRD – FAKTEN

Gipfel	**3 355 Meter**
Talstation	**2 410 Meter**
Höhenmeter	**946 Meter**
Längste Abfahrt	**5 300 Meter**
Schneefall	**1 270 Zentimeter**
Lifte	**7 Sessellifte, 1 Kabinenbahn (125 Personen)**
Schwierigkeitsgrad der Pisten	**20 % Anfänger 30 % mittelschwer 50 % Fortgeschrittene**
Gesamtfläche der Pisten	**800 Hektar**
Skisaison	**Ende November – Mitte Mai**
Adresse	**Snowbird Utah 84092 Tel.: (801) 741-2222**

UNTERBRINGUNG

Die Auswahl in Snowbird ist begrenzt. Die ultramoderne **Cliff Lodge** ist die teuerste, aber auch luxuriöseste Absteige. Die Cliff Lodge hat Pool, Fitneßcenter, Solarium, Sauna, Wasser- und Kräuter-Therapie und bietet Massagen aller Art. Sechs Restaurants sorgen für das leibliche Wohl. Es gibt kaum etwas, was die Mitarbeiter hier nicht arrangieren können, von Babysittern bis hin zur abendlichen Schönheitspflege. Doppelzimmer kosten etwa 200 Dollar. Suiten gibt es ab 475 Dollar. Übernachtungen im Schlafsaal ab 25 Dollar.

In den drei Wohnkomplexen **The Lodge at Snowbird**, **The Inn**, **The Iron Blossom Lodge** findet man Apartments unterschiedlichsten Zuschnitts. Günstiger, aber auch weniger luxuriös als in der Cliff Lodge.
Alle Reservierungen über:
Snowbird Corporation, Little Cottonwood Canyon Snowbird, Utah 84092. Tel.: (801) 532-1700

RESTAURANTS

The Aerie: europäische Küche in eleganter Atmosphäre. Gemütlicher offener Kamin für späte Drinks. Die Topadresse in Snowbird! Auch das Frühstücksbüfett ist empfehlenswert.
Im 10. Stock der Cliff Lodge, Eingang 4.
Tel.: (801) 521-6040

The Steak Pit: Steak-Restaurant der Chart-House-Kette. Die Steaks sind exzellent, die Portionen groß, die Salatbar ist legendär. Reservierung empfehlenswert, da der Andrang groß ist.
Snowbird Center, Eingang 3. Tel.: (801) 521-6040

The Forklift: das beste Frühstück in Snowbird und ideal für Mittagessen. Gute Hamburger, Suppen und Salate. Level 3, Snowbird Center.

APRÈS-SKI UND NIGHTLIFE

Sibirien. Fehlanzeige. Nachtschwärmern und Après-Ski-Freaks bietet Snowbird nichts. Für einen schnellen Drink, nachdem die Lifte geschlossen haben, kann man im **Forklift** und der **Wildflower Lodge** vorbeischauen. Abends ist **The Aerie** die einzige vernünftige Bar. Doch mehr als leise Pianomusik sollte man nicht erwarten.

WIE MAN HINKOMMT

Snowbird liegt 40 Kilometer südöstlich von Salt Lake City im Cottonwood Canyon am State Highway 210. Die Fahrzeit vom Salt Lake City International Airport nach Snowbird beträgt zwischen 35 und 45 Minuten. Direkte Route: Interstate 80 Richtung Osten, Richtung Süden auf der Interstate 215, Ausfahrt Wasatch Boulevard (Exit 6), den Schildern Richtung Alta folgen. Busse verlassen den Flughafen alle 45 Minuten. Von den großen Hotels der

Stadt fahren Busse alle zehn bis 15 Minuten. Unter der Rufnummer 262-5626 erfährt man, welche Haltestelle dem Hotel am nächsten liegt. Die einfache Fahrt kostet drei Dollar.

Alta

Einst ein gesetzloses Goldgräberdorf, das von Feuer und Lawinen zerstört wurde, ist Altas Ruf heute weißer als weiß. Schneeweiß sozusagen. Pulverschnee so trocken wie Talkumpuder ist das Geheimnis von Alta, nicht nur weil die Berge so viel davon bekommen, sondern auch, weil er sich in dem geschützten Terrain lange hält.

Wer sich auskennt, findet hier immer neue Schneetaschen mit unberührtem extratrockenen »Powder«, selbst wenn es tagelang nicht geschneit hat. Im Gegensatz zu vielen anderen US-Gebieten kann man in Alta alle Hänge befahren, die man sehen kann – auch wenn die Pisten mal keinen Namen haben sollten.

Eagle's Nest und High Rustler sind die richtigen Adressen für Experten. Mit einer idealen Verteilung von 25 Prozent Anfängerterrain, 40 Prozent für Fortgeschrittene

Für jeden Geschmack etwas: die Hänge von Alta.

und 35 Prozent für Experten ist Alta ein großartiges Gebiet für Skifahrer aller Könnerstufen. Experten finden hier wunderbare Pisten, allerdings mit nicht mehr als 350 Metern Höhenunterschied zwischen Gipfel und Talstation. Im Vergleich: Die Höhendifferenz in Snowbird liegt bei 1 000 Metern.

Alta ist nach Sun Valley das älteste Skigebiet der USA. 1938 wurde hier der erste Skilift installiert, nachdem das Silber- und Goldschürferdorf in den Bergen über Salt Lake City fast 20 Jahre als Geisterstadt brachgelegen hatte.

In einer Zeit, in der amerikanische Stars in den Glamourort Sun Valley zum Wintersport pilgerten, wurde Alta als unprätentiöser Skiort für die Menschen aus Salt Lake City geboren.

Auch heute erinnert Alta mit seinen billigen Lifttickets daran, wie Skifahren in den USA früher einmal war. High-Speed-Lifte gibt es nirgendwo, was die Anzahl der Skifahrer auf den Pisten im Rahmen hält, aber gelegentlich für Liftschlangen sorgt, die bis zu einer halben Stunde lang sind.

ALTA – FAKTEN

Gipfel	**3 522 Meter**
Talstation	**2 607 Meter**
Höhenmeter	**610 Meter**
Längste Abfahrt	**5 630 Meter**
Schneefall	**1 270 Zentimeter**
Lifte	**8 Sessellifte, 3 Schlepper**
Schwierigkeitsgrad der Pisten	**25 % Anfänger 40 % mittelschwer 35 % Fortgeschrittene**
Gesamtfläche der Pisten	**880 Hektar**
Skisaison	**Mitte November – Mitte April**
Adresse	**Alta Alta, UT 84092 Tel. (801) 742-3333**

UNTERBRINGUNG

Hotels in Alta sind alle vom selben Schlag: rustikal, einfach und nahe bei den Liften. Im Preis für die Übernachtung sind Mahlzeiten meist eingeschlossen. Die Lodges in Alta sind recht klein und wenig luxuriös, jedoch mit allem ausgestattet, was man im Skiurlaub wirklich braucht, incl. Jacuzzi.

Hotels

Alta Lodge: gutes Essen, hübsche Zimmer, Sauna, Pools und großer offener Kamin in der Lobby. Mit Frühstück und Abendessen für zwei Personen, 250 Dollar für ein Doppelzimmer.
P.O. Box 8040, Alta, UT 84092-8040.
Tel.: (801) 742-3500

Gold Miner's Daughter: im Herzen von Alta, nur wenige Schritte vom Wildcat- und vom Collins-Lift entfernt. Sauna, Dampfbad, Bar mit offenem Kamin. Mit Frühstück und Abendessen für zwei Personen, ab 120 Dollar für ein Doppelzimmer. Übernachtung im Schlafsaal ab 59 Dollar.
P.O. Box 8055, Alta, UT 84092. Tel.: (801) 742-2300

Alta Peruvian Lodge: klassische Lodge mit großem Pool und Sauna. Die Preise beinhalten drei Mahlzeiten täglich und das Liftticket. 113 Dollar bis 161 Dollar pro Person.
P.O. Box 8017, Alta, UT 84092.
Tel.: (801) 742-3000

RESTAURANTS

Wer in Alta Urlaub macht, ißt in seinem Hotel (meist Voll- oder Halbpension) oder kocht selbst im Apartment. Die Lebensmittel sollte man sich aus Salt Lake City mitbringen.

APRÈS-SKI UND NIGHTLIFE

Die Tage, als Goldschürfer in den Saloons und Bordellen von Alta ihr Geld verpraßten, sind lange vorbei. Das Nachtleben von Alta spielt sich im Wohnzimmer oder an der Hotelbar ab. Wer wirklich etwas erleben will, muß nach Salt Lake City.

WIE MAN HINKOMMT

Alta liegt 43 Kilometer südöstlich von Salt Lake City, nur zwei Kilometer hinter Snowbird im Cottonwood Canyon am State Highway 210. Die Fahrzeit vom Salt Lake City International Airport nach Snowbird beträgt zwischen 35 und 45 Minuten. Direkte Route: Interstate 80 Richtung Osten, Richtung Süden auf der Interstate 215, Ausfahrt Wasatch Boulevard (Exit 6), den Schildern Richtung Alta folgen. Busse verlassen den Flughafen alle 45 Minuten. Von den großen Hotels der Stadt fahren sie alle zehn bis 15 Minuten. Unter der Rufnummer (801) 262-5626 erfährt man, welche Haltestelle dem Hotel am nächsten liegt. Die einfache Fahrt kostet drei Dollar.

WYOMING

Jackson Hole

Wyoming ist Wilder Westen – Cowboyland, von dem schon viele Europäer geträumt haben. »Hier habe ich das Land aus Karl Mays Büchern gefunden«, sagt der deutschstämmige Rancher Paul von Gontard. »Hier ist mein deutscher Traum vom Wilden Westen wahr geworden. Ich kann mir bis heute nicht vorstellen, wie gerade Karl May diese atemberaubende Landschaft so authentisch beschreiben konnte.«

Teton Mountains heißen die scharfzackigen Berge, die sich wie eine prähistorische steinerne Flutwelle aus dem weiten Tal in den tiefblauen Himmel erstrecken. Sie gaben dem Teton National Park ihren Namen. Die Region ist auch heute noch eine der größten und letzten wilden Naturlandschaften Amerikas. Mit ein wenig Phantasie kann man vor dem geistigen Auge die Shoshone-Indianer sehen, die einst durch das immens weite Tal zogen und die französischen Trapper, die als erste Europäer diese Region entdeckten.

97 Prozent von Teton County sind heute als Nationalparks und Nationalwälder ausgewiesen. Was der weiteren touristischen Erschließung deutliche Grenzen steckt – Gott sei Dank, denn die enorme Wildnis, die Jackson umgibt, macht dieses Winter- und Sommerurlaubsparadies besonders reizvoll.

Am Rande der 4 600-Seelen-Gemeinde grasen in jedem Winter 15 000 Elche in ihrer staatlich geschützten Winterzuflucht. Vom Highway 89 kann man die Tiere mit bloßem Auge in der Ferne sehen. Zahllose Tour-Anbieter fahren übrigens mit Schlitten für 7,50 Dollar mitten hinein in die Herde. Ein Erlebnis, das sich niemand entgehen lassen sollte. Und auch die Elche freuen sich!

Jackson Hole ist die Quintessenz eines amerikanischen Skigebietes: ein Rekord-Berg mit 1 262 Metern Höhendifferenz und haarigen Abfahrten, ein Wild-West-Dorf mit hölzernen Bürgersteigen, Geschäften für Cowboy-Klamotten, Galerien für Indianerkunst und lauten

Bars, grandioser Natur und unprätentiösen, freundlichen Menschen.

Trotz wachsender Besucherzahlen (fast eine Million Urlauber im vergangenen Winter), die dem kleinen Ort so ziemlich alles – von Gourmet-Restaurants bis zu Ralph-Lauren-Boutiquen und 35 Kunstgalerien – beschert haben, ist Jackson im Herzen eine echte Cowboy-Stadt geblieben. Unter die Touristen mischen sich in der »Million Dollar Cowboy Bar« (Pflichtprogramm für alle Urlauber) auch authentische Cowboys von den Ranches der Umgegend. Artig geben sie ihre Jagdgewehre an der Garderobe ab und nehmen auf einem der Sättel Platz, die hier als Barhocker fungieren. Live-Country-Musik und Western-Swing-Tanzunterricht sind in der Million Dollar Cowboy Bar unter Skiurlaubern ebenso populär wie bei den Einheimischen.

Fans von echten handgearbeiteten Lederwaren sei ein Besuch im »Flat Creek Saddle Shop« empfohlen. Hier kaufen die Rancher und die wenigen Filmstars, die nach Jackson kommen, ihre handgemachten Sättel, Chaps und Lederjacken.

Trotz des touristischen Aufschwungs der vergangenen Jahre sind Schickis in Jackson Hole selten anzutreffen.

Nirgendwo trifft man mehr echte Cowboys als in Jackson Hole.

Ihnen sind der Ort und das kühle Klima – es kann auch Ende Februar noch empfindlich kalt werden – zu rauh. Und so fällt man auf den Pisten auch in einem zehn Jahre alten Skianzug nicht auf. Denn am Après Vous und Rendezvous Mountain geht es nicht um die neueste Skimode, sondern ums Skifahren.

Obwohl die Hälfte aller Pisten des Skigebiets präpariert sind, ist Jackson Hole fraglos ein Berg für sehr gute Fahrer, die die Herausforderung lieben. Corbets Couloir heißt Jacksons Zauberwort. Die Schlucht, deren Einstieg über ein Plateau in einen engen Korridor schon so manchen Skiläufer hypnotisiert hat, ist ein echte Mutprobe – der Bungeejump ohne Seil. Etwa fünf Meter springt man in die enge 60 Grad steile Schlucht, bevor man Schnee unter den Skiern hat. Wer die Landung verpaßt, rutscht unweigerlich mindestens 200 Höhenmeter. Wer hier stürzt und seine Ski verliert, hat einen mühsamen Aufstieg vor sich.

Cody und Tensleep Bowl und die wilden Hobacks, in die keine Pistenraupe vordringt, sind Spielwiesen für Skiläufer mit guter Kondition und erstklassiger Technik. Und wer den direkten Weg unter der Tram ins Tal sucht, sollte eine ganze Menge Selbstvertrauen mitbringen. Das wirklich anspruchsvolle Expertenterrain läßt sich fast völlig vermeiden, wenn man sich möglichst weit rechts am Berg orientiert. Casper Bowl und Après Vous Mountain bieten freundliche und weite Pisten – ideal für durchschnittliche Skifahrer.

»Klar, wir haben das Image, ein anspruchsvolles Gebiet zu sein«, sagt Pepi Stiegler, österreichischer Olympiasieger und seit mehr als 25 Jahren Chef der Skischule von Jackson Hole. »Da ist natürlich was Wahres dran, aber wir können auch Anfängern in Jackson Hole ein paar nette Pisten zeigen.«

Mit sieben Sesselliften, zwei Schleppern und einer Gondelbahn, die 65 Personen von der Talstation in Teton Village hinauf zum Rendezvous Peak bringt, sollte Jackson Hole eigentlich adäquat erschlossen sein. Doch die Tram ist vielen Skifahrern seit Jahren ein echtes Ärgernis. Zum einen, weil sie pro Fahrt zusätzlich zum

Liftpaß zwei Dollar kostet (für die Saison 93/94 ist ein Liftpaß geplant, der für vier Dollar Aufpreis die Tram einschließt), zum anderen, weil sie als Nadelöhr an manchem schönen Skitag morgens schon die Laune trübt. Wer einmal am Gipfel ist, sollte sich also möglichst an den oberen Liften tummeln, um unnötiges Warten zu vermeiden.

Wer mehr als sieben Tage bleibt, muß sich unbedingt einen skifreien Tag nehmen und einen Trip mit Snowmobil oder Hundeschlitten in den winterweißen Grand Teton National Park buchen. Auch der Yellowstone Park ist mit Snowmobilen zu erreichen und ganz besonders im Winter einen Besuch wert. Für Langläufer sind beide Nationalparks ein Paradies.

Shredder sind in Jackson Hole übrigens willkommen.

JACKSON HOLE – FAKTEN

Gipfel	**3 187 Meter**
Talstation	**1 925 Meter**
Höhenmeter	**1 262 Meter**
Längste Abfahrt	**11,2 Kilometer**
Schneefall	**1 158 Zentimeter**
Lifte	**7 Sessellifte, 1 Kabinenbahn, 2 Schlepper**
Schwierigkeitsgrad der Pisten	**10 % Anfänger 40 % mittelschwer 50 % Fortgeschrittene und Experten**
Gesamtfläche der Pisten	**1 200 Hektar**
Liftkapazität pro Stunde	**9 700 Personen**
Skisaison	**Dezember – April**
Adresse	**Jackson Hole Box 290 Teton Village, WY 83025 Tel.: (307) 733-2292**

UNTERBRINGUNG

Wohnen kann man in Teton Village, dem kleinen Dorf, direkt an den Liften oder in einem der zahlreichen Bed & Breakfast Inns, die zwischen Teton Village und dem 20 Kilometer entfernten Jackson liegen, und natürlich in der alten Western-Stadt Jackson selbst. Ein Auto ist in diesem Fall empfehlenswert, aber nicht zwingend. Der Bus verkehrt regelmäßig bis in die späten Abendstunden.

Jackson ist ein Skigebiet mit moderaten Preisen. Der Durchschnittspreis für ein Doppelzimmer liegt bei etwa 55 Dollar pro Nacht. Wer ein Apartment mieten will, kann das über Jackson Hole Realty Property Management (307) 733-7945 oder über Jackson Hole Vacation Rentals (307) 733-4610. Wohnungen für vier Personen kosten zwischen 130 und 500 Dollar pro Nacht.

Hotels und Inns in Teton Village

Alpenhof: Das exklusivste Hotel in Teton Village liegt direkt an den Liften. Beheizter Pool im Freien, Saunas, Jacuzzis und exzellentes Restaurant. 100 bis 200 Dollar fürs Doppelzimmer.
Box 288, Teton Village, WY 83025.
Tel.: (307) 733-3242

Sojourner Inn: eine Lodge mit Pool, Sauna und Jacuzzi. Die Räume in der neu eingerichteten Mountain Lodge sind die hübscheren. Sieben Übernachtungen, inclusive fünf Tage Skilift, 439 bis 964 Dollar pro Person.
Box 348, Teton Village, WY 83025.
Tel.: (307) 733-3657

Hostel: superbillige Herberge direkt am Lift. Wenig Luxus, dafür nur 320 Dollar für sieben Übernachtungen, incl. fünf Tage Skilift, pro Person im Doppelzimmer: etwa 42 Dollar pro Tag.
Box 546, Teton Village, WY 83025.
Tel.: (307) 733-3415

Crystal Springs Inn: sauber und komfortabel, aber ohne Luxus und nur wenig Atmosphäre. Übernachtungen ab 66 Dollar fürs Doppelzimmer.
Box 250, Teton Village, WY 83025.
Tel.: (307) 733-4423

Hotels und Inns in Jackson

Wort Hotel: hübsches Hotel aus den 80ern des vergangenen Jahrhunderts. Mit vier Diamanten des US-Auto-Clubs AAA ausgezeichnet, jedoch ohne Schwimmbad, Jacuzzi, etc. Die berühmte Silver Dollar Cowboy Bar ist im Haus. 105 bis 210 Dollar pro Nacht und Doppelzimmer.
Box 89, Jackson, WY 83001. Tel.: (307) 733-2190

Western Motel: typisches amerikanisches Motel, sauber, aber ansonsten anspruchslos. Dafür sind die Preise auch für Skilurlauber mit kleinem Geldbeutel und für Studenten erschwinglich. Ein Doppelzimmer kostet pro Nacht zwischen 36 und 52 Dollar.
P.O. Box 1684, Jackson, WY 83001.
Tel.: (307) 733-3291

Rusty Parrot Lodge: Das amerikanische Skimagazin *Snow Country* urteilte: »die beste Unterkunft in Jackson und Umgebung«. Eine Wildwest-Version des Ritz, inclusive Daunenbettdecken und Gourmetfrühstück. Neue Zimmer, mit großen Bädern hübsch möbliert. Sieben-Tage-Paket incl. fünf Tage Liftpaß: 560 bis 735 Dollar pro Person.
P.O. Box 1657, Jackson, WY 83001.
Tel.: (307) 733-2000

Jackson Hole Lodge: Lodge mit Sauna, Jacuzzi und freundlichen, komfortablen Räumen. Mitten in Jackson. Das Sieben-Tage-Paket inclusive fünf Tage Liftpaß kostet zwischen 360 und 510 Dollar pro Person im Doppelzimmer.
P.O. Box, Jackson, WY 83001. Tel.: (307) 733-2992

Hotels und Inns zwischen Jackson und Teton Village

The Spring Creek Ranch: Hotelzimmer, Apartments und Häuser sowie ein erstklassiges Feinschmecker-Restaurant. Atemberaubende Ausblicke auf das Jackson Valley und die Grand Tetons. Zwölf Kilometer zum Skigebiet. Ein Pendelbus in die Stadt und ins Skigebiet steht zur Verfügung.
Box 3154, Jackson, WY 83001.
Tel.: (703) 733-8833

The Jackson Hole Racquet Club: ein Ferienkomplex, der das ganze Jahr über in Betrieb ist. Fitneßclub, Sauna, Jacuzzi, Pool sowie Joggingtrail stehen zur Verfügung. Im Sommer außerdem ein von Arnold Palmer entworfener Golfkurs. Sieben Kilometer vom Skigebiet entfernt. Ein Apartment für zwei Personen kostet ab 150 Dollar.
Star Route, Box 362A, Jackson, WY 83001.
Tel.: (703) 733-3990

Wildflower Inn: Bed & Breakfast in einem reizenden Blockhaus, das nur fünf Zimmer hat. Zwischen 110 und 120 Dollar fürs Doppelzimmer. Glänzender Ausblick auf die Tetons. Etwa vier Meilen vom Skigebiet entfernt. Nur begrenzter Bus-Service.
Box 3724, Box 3154, Jackson, WY 83001.
Tel.: (307) 733-4710

RESTAURANTS

Wer nach Jackson Hole in den Winterurlaub reist, muß wissen, daß Wyoming Rinderland ist. Vegetarier seien also vorgewarnt. Wer dagegen Steaks liebt, kann sie hier in allen Variationen essen – die Qualität des Fleischs ist absolut phantastisch.

Frühstück

Jedediah's: die erste Wahl bei Einheimischen und Urlaubern. Von simplen Spiegeleiern mit Speck über Frühstückssteaks, variationsreiche Omelettes bis hin zu Waffeln, Pfannkuchen und geräucherten Forellen: Hier gibt es alles, was sich Frühstücksprofis wünschen.
135 East Broadway, Jackson, WY 83001.
Tel.: (307) 733-5671

The Bunnery: Bäckerei mit Frühstücksrestaurant. Exzellente Muffins, Vollkornwaffeln und Omelettes.
130 North Cash Jackson, WY 83001.
Tel.: (307) 733-5474

Pistenlunch

Wer am Berg zu Mittag essen will, geht zu **Casper's**. In Teton Village zu empfehlen: die **Rocky Mountain Oyster:** gute Salate, Suppen, Sandwiche und Burger. Wer's etwas feiner mag, geht zu **Dietrich's**, ein nicht allzu teures, aber sehr gutes Bistro im Alpenhof.

Abendessen

Nore's Steak Pub: die besten Steaks von Jackson. Hier essen die Einheimischen. Prime Ribs in allen Größen von 14 bis 21 Dollar.
Vier Meilen südlich auf dem Highway 89.
Tel.: (307) 733-6695

Mangy Moose: in Teton Village *das* Restaurant für Steaks und Fisch. Die Salatbar ist Superklasse.
Teton Village. Tel.: (307) 733-4913

Bubba's: Die gegrillten »Ribs« sind ebenso legendär wie die enormen Portionen. Wer gegrilltes Fleisch aller Art mag, ist hier richtig. Reservierungen werden nicht an-

genommen. Wer zuerst kommt, ißt zuerst. Hier mußte sogar Arnold Schwarzenegger anstehen. Tip: Bier oder Wein selbst mitbringen. Bubba's hat keine Alkohollizenz.
515 West Broadway. Tel.: (307) 733-2288

Sweetwater Restaurant: Wer von Steaks und Ribs die Nase voll hat, findet hier eine empfehlenswerte Alternative – Fisch und Geflügelgerichte mit orientalischem Flair.
85 King Street. Tel.: (307) 733-3553

Alpenhof Restaurant: das beste Restaurant in Wyoming. Küche mit österreichischen und amerikanischen Einflüssen, exzellente Wildspezialitäten. Unbedingt den Apfelstrudel versuchen! Nicht ganz billig.
In Teton Village. Tel.: (307) 733-3462

Cadillac Grille: an der West-Seite des Marktplatzes. Ungewöhnliche Mischung aus mexikanischer, chinesischer und italienischer Küche in Art-deco-Atmosphäre. Empfehlenswert: der gegrillte Thunfisch in Pistazien und rosa Pfeffer.
55 North Cash. Tel.: (307) 733-3279

APRÈS-SKI UND NIGHTLIFE

Jackson Hole ist ein echter Männer-Skiort. Der Ruf des Skigebietes und die erbarmungslose Kälte scheinen das weibliche Geschlecht abzuschrecken. Männer, die beim Après-Ski hübsche Skihasen kennenlernen wollen, sind hier falsch. Weibliche Urlauber machen hier gerade mal 30 Prozent aus. Umgekehrt finden Frauen hier natürlich ein reiches Jagdgebiet. Und wilde Jungs sind Jackson-Hole-Männer allemal. Den Millionär angelt man sich hier allerdings selten, der Jackson-Hole-Urlauber ist von anderem Holz.

Der Skitag endet für gewöhnlich an der Bar des **Mangy Moose** im Teton Village. Wild und laut geht's hier zu. Etwas ruhiger und richtig gemütlich ist **Dietrich's Bar and Lounge** im Alpenhof.

Der späte Abend beginnt und endet in der **Million Dollar Cowboy Bar**, einem leicht angekitschten Saloon mit Sätteln als Barhockern und zahllosen in den Tresen eingelassenen Silberdollars. Die Million Dollar Cowboy Bar ist bei Einheimischen so beliebt wie bei Touristen. Die Country-Bands sind meist gut, und am Donnerstagabend kann man hier von einem Tanzlehrer den Twostep lernen. Pflichtprogramm!

Die **Silver Dollar Bar** im Wort Hotel ist ähnlich – etwas weniger Kitsch, dafür mehr Silberdollars im Tresen.

Die größte Chance, doch noch einen Skihasen kennenzulernen, haben einsame Männer im **Shady Lady Saloon** im Snow King Resort. Hier tauchen an manchen Abenden Gruppen weiblicher Teenies aus Utah auf, um sich bei freiem Champagner zu amüsieren. Der Saloon selbst ist allerdings nicht mehr als eine Disco mit der Atmosphäre eines Holiday-Inn-Hotels.

Der beste Saloon der Region ist ein Klassiker aus Wildwestträumen: **Stagecoach** im Nachbarort Wilson ist ein echte Cowboy-Bar mit authentischen Burgern und anderen Spezialitäten. Hier findet man die echten West-Männer. Tradition hat der Sonntagabend, da beginnt der Trubel im Stagecoach bereits um 17 Uhr, inclusive Live-Band und viel, viel Bier. Denn getankt werden kann nur bis 22 Uhr. Dann ist sonntags Schluß, so will es das Gesetz. Die Cowboys sollen am Montag ja wieder nüchtern in den Sattel.

WIE MAN HINKOMMT

Jackson ist leicht zu erreichen. American Airlines, Delta, Continental, Continental Express, United and SkyWest fliegen den 15 Kilometer von der Stadt entfernten Airport von Salt Lake City, Chicago und Denver aus täglich an.

Grand Targhee

Das Geheimnis von Grand Targhee, einem kleinen Skigebiet etwa 60 Kilometer von Jackson entfernt, kennen Tiefschnee-Enthusiasten in Amerika nur zu gut: Annähernd 13 Meter Pulverschnee pro Saison, viel Sonne und 600 Hektar Bilderbuchterrain, das von vier Liften erschlossen wird und dem die einschüchternden Schluchten und Abhänge, mit denen Jackson Hole so gerne prahlt, gänzlich fehlen.

Ein Traum also für streßfreie Tiefschneetage, denn über 70 Prozent des Geländes in Grand Targhee sind mittelschwer und eignen sich deshalb auch für Tiefschnee-Anfänger. Ein Schneekatzenservice erschließt einen zweiten Berg mit weiteren 600 Hektar Wildnis. Für die nächsten Jahre sind hier neue Lifte geplant; es bleibt also abzuwarten, ob aus dem Zwergengebiet bald etwas richtig Großes wird.

An sonnigen Tagen ist der Ausblick vom Gipfel hier sensationell: Man sieht nicht nur bis Idaho, Montana und Utah, sondern auch auf zwei Nationalparks, die Jedediah Smith Wildnis und die drei Tetons.

Obwohl als Urlaubsort für Europäer nicht unbedingt geeignet, dafür ist Grand Targhee einfach zu klein, sei Jackson-Hole-Urlaubern ein Abstecher hierher empfohlen. Denn selbst wenn es in Jackson Hole einmal ein paar Tage nicht geschneit hat, hier in Grand Targhee findet sich immer unberührter Schnee. Die Lifttickets sind mit 27 Dollar pro Tag recht günstig. Tagestrips mit der Schneekatze kosten inclusive Mittagessen für Besucher aus anderen Skigebieten 145 Dollar.

Das Gebiet hat eine Reihe natürlicher Halfpipes für Snowboarder. Der gesamte Fred's Mountain ist für »Shredder« geöffnet.

GRAND TARGHEE – FAKTEN

Gipfel	3 427 Meter
Talstation	2 448 Meter
Höhenmeter	673 Meter
Längste Abfahrt	4 000 Meter
Schneefall	1 280 Zentimeter
Lifte	3 Sessellifte, 1 Schlepper
Schwierigkeitsgrad der Pisten	10 % Anfänger 70 % mittelschwer 20 % Fortgeschrittene und Experten
Gesamtfläche der Pisten	600 Hektar
Liftkapazität pro Stunde	3 600 Personen
Skisaison	Mitte November – Mitte April
Adresse	Grand Targhee Ski & Summer Resort Box Ski Alta, WY 83422

WIE MAN HINKOMMT

Grand Targhee liegt auf der Westseite der Tetons, nur 12 Kilometer vom US-Bundesstaat Idaho entfernt. Mit dem Auto fährt man von Jackson 60 Kilometer Richtung Nordwesten über den Teton Paß und die Targhee Road hinauf. Die Fahrt dauert etwa $1^1/_2$ Stunden. Skiurlauber, die keinen Mietwagen haben, fahren mit dem Targhee-Express-Bus, der täglich zwischen Jackson und dem Skigebiet pendelt.

Vom Flughafen in Idaho Falls liegt das Gebiet 130 Kilometer entfernt und von Salt Lake City/Utah 450 Kilometer. Von den Flughäfen in Jackson und Idaho Falls fährt für 20 Dollar auch ein Shuttlebus ins Skigebiet.

BRITISCH-KOLUMBIEN/ KANADA

Mount Whistler und Blackcomb

Zählt man die Rekorde, dann ist das Skigebiet von Mount Whistler und Mount Blackcomb in British Columbia, 120 Kilometer nordöstlich von Vancouver, einsamer Sieger unter den Skiorten auf dem nordamerikanischen Kontinent: 2 804 Hektar Skipisten, 1 609 Meter Höhendifferenz zwischen Gipfel- und Talstation, 44 Hektar Gletscher, der auch im Sommer für Skifahrer geöffnet ist. Durchaus beeindruckende Zahlen.

Doch nicht allein diese Fakten sind der Grund dafür, daß man den Namen Whistler/Blackcomb regelmäßig auf den Bestenlisten von US-Skimagazinen findet. Leser von *Snow Country* zum Beispiel beurteilten im vergangenen Winter nicht nur Schnee, Pisten, sondern auch Landschaft, Service, Restaurants und Nachtleben aller großen Gebiete auf dem nordamerikanischen Kontinent. Sie wählten Whistler/Blackcomb zur Nummer eins, noch vor Vail und Aspen. »Whistlers/Blackcomb bietet Ski-Vergnügen, das mit nichts in Nordamerika zu vergleichen ist. Whistler Village verbindet europäischen mit amerikanischem Charme auf ideale Weise«, hieß es in dem Magazin.

Dabei wurden am Blackcomb Mountain die ersten Lifte erst 1980 in Betrieb genommen. Das Gebiet wurde zuvor als reines Helikoptergelände genutzt. Whistler selbst gab es zwar schon seit Mitte der 60er Jahre, jedoch bloß als ungehobeltes Skigebiet ohne präparierte Pisten, erreichbar nur über schlechte Straßen.

Heute, etwas mehr als eine Dekade später, ist Whistler Village ein autofreies Skidorf, das mit seinen Kopfsteinpflastersträßchen und hübschen Plätzen einem europäischen Kurort gleicht, voller feiner Restaurants, Geschäften und Apartments, deren Architektur sich gut in die Bergwelt einpaßt. Vail läßt grüßen.

Die Lifte erreichen vom Dorf aus beide Berge. Whistler und Blackcomb verbinden insgesamt 181 markierte Pisten. Die beiden konkurrierenden Berge sind dabei im Charakter recht verschieden. Während Blackcomb mit

Von amerikanischen Skifans zur Nummer eins gekürt: die Skigebiete von Whistler/Blackcomb.

steilen weitoffenen Abfahrten in der Fallinie besonders Speed-Freaks begeistert, glänzt Whistler mit seinen zahllosen engen Hängen, die sich zwischen Bäumen um den Berg winden. Spezialisten finden am Pakalolo, einer engen Schlucht mit Felswänden an beiden Seiten, und am berüchtigten Saudan Couloir alles, was es für einen Adrenalinrausch braucht.

MOUNT WHISTLER – FAKTEN

Gipfel	2 191 Meter
Talstation	655 Meter
Höhenmeter	1 536 Meter
Längste Abfahrt	11,2 Kilometer
Schneefall	978 Zentimeter
Lifte	9 Sessellifte, 1 Gondel, 4 Schlepper
Schwierigkeitsgrad der Pisten	25 % Anfänger 55 % mittelschwer 20 % Fortgeschrittene und Experten
Gesamtfläche der Pisten	872 Hektar
Liftkapazität pro Stunde	22 295 Personen
Skisaison	Mitte Nov. – Mitte Mai, auf dem Gletscher das ganze Jahr
Adresse	Mount Whistler Box 67 Whistler, BC VON 1BO Canada Tel.: (604) 932-3434

Ein neuer Hochgeschwindigkeitssessel, der in der vergangenen Saison in Betrieb genommen wurde, verkürzt heute nicht nur die Schlangen am 7th Heaven Express entscheidend. Der neue Glacier Express erschließt außerdem Gelände, das früher nur den Einheimischen und Kennern von Blackcomb Moutain vorbehalten war, wie zum Beispiel Spanky's Bowl und Ruby Bowl. Auch Anfänger profitieren von dem superschnellen Sessel; ihnen öffnet der neue Lift die Crystal Traverse zum Ridge Runner – sanfte Hänge über annähernd 300 Höhenmeter.

Eine vor fünf Jahren installierte Gondel katapultiert Skifahrer vom Whistler Village in 18 Minuten hinauf auf den Gipfel. Besonders an stürmischen Schneetagen, und von denen sieht Whistler/Blackcomb eine ganze Menge,

BLACKCOMB – FAKTEN

Gipfel	2 293 Meter
Talstation	677 Meter
Höhenmeter	1 615 Meter
Längste Abfahrt	11,2 Kilometer
Schneefall	978 Zentimeter
Lifte	11 Sessellifte, 3 Schlepper
Schwierigkeitsgrad der Pisten	25 % Anfänger 55 % mittelschwer 20 % Fortgeschrittene und Experten
Gesamtfläche der Pisten	1 336 Hektar
Liftkapazität pro Stunde	23 850 Personen
Saison	Mitte November – Mai, auf dem Gletscher das ganze Jahr
Adresse	Blackcomb Ski Area Box 98 Whistler, BC VON 1BO Canada Tel.: (604) 932-3141

hilft die Gondel, trocken und warm zu bleiben. Das mit 28 Liften sehr gut ausgebaute Netz hat allerdings auch seinen Preis, 44 kanadische Dollar kostet eine Tageskarte, die für beide Berge gültig ist.

Einer der Nachteile des Skigebietes in British Columbia ist die Sonnenscheindauer: Nur an 20 Prozent aller Wintertage reißt der Himmel wirklich auf. Verglichen mit Utah, Colorado oder New Mexico sind das eine ganze Menge trübe Tage. Von Schneemangel allerdings hat man in Whistler/Blackcomb nie etwas gehört, mehr als 980 Zentimeter fallen pro Saison im Durchschnitt. Aufgrund der Nähe zum Pazifik ist der Schnee hier allerdings feuchter als die luftigen Daunen Utahs und Colorados und nicht ganz so leicht zu bewegen.

Whistler/Blackcomb gehört übrigens zu den Gebieten, in denen man Helikoptertrips tageweise buchen kann. Unbedingt zu empfehlen. Adressen und Telefonnummern dazu sind im Kapitel über Heli-Skifahren!

UNTERBRINGUNG

Zentraler Ansprechpartner für Buchungen fast aller Hotels und Wohnungen ist die **Whistler Resort Association** P.O. Box 1400 Whistler, BC VON 1BO. Central Reservations. Tel.: (604) 932-4222.

Hotels und Wohnungen

Chateau Whistler: das Juwel unter den Hotels des Skiortes, ein brandneuer Bau, dessen majestätischer Stil und Architektur aus einer anderen Zeit zu stammen scheinen. Die Zimmer sind erstklassig ausgestattet und haben atemberaubende Aussichten ins Tal oder auf die Berge. Ein mit Preisen ausgezeichneter Küchenchef wacht über die drei Restaurants von Chateau Whistler. Ein Weltklassehotel direkt an der Piste im neuen Village North Center. Fitneßclub, Schwimmbäder draußen und drinnen, Whirlpools, Saunas, Massagen, Dampfbäder. Teuer! 140 bis 375 kanadische Dollar für das Doppelzimmer. 4599 Chateau Boulevard, P.O. Box 100, Whistler BC, VON 1BO. Tel.: (604) 938-8000

Delta Mountain Inn: ein großes Hotel mit 161 Zimmern und Wohnungen für jeden Bedarf. Sauna, Jacuzzi, offene Kamine und Kochnischen. In der Hauptsaison kostet ein Doppelzimmer 195 kanadische Dollar, eine Suite 295 kanadische Dollar.
4050 Whistler Way, P.O. Box 550.
Whistler BC, VON 1BO. Tel.: (604) 932-1982

Nancy Green Lodge: von der gleichnamigen Olympiasiegerin aus dem Jahr 1968 betrieben. Europäische

Atmosphäre. Doppelzimmer ab 120 kanadische Dollar pro Nacht.
4154 Village Green, P.O. Box 280.
Whistler BC, VON 1BO. Tel.: (604) 932-2221

Whistler Village Inn: Hotel der mittleren Preisklasse, 88 Zimmer und Studios, mit Sauna, Jacuzzi, offenem Kamin und Kochnischen. Studio für vier Personen 170 kanadische Dollar pro Nacht.
4429 Sundial Place. P.O. Box 970.
Whistler BC, VON 1BO. Tel.: (604) 932-4004

Shoestring Lodge: günstige Unterkunft mit 45 Zimmern, incl. Sauna, Kaminen und Kochnischen. 70 kanadische Dollar für das Doppelzimmer. Liegt etwas außerhalb des Dorfes.
7124 Nancy Green Drive. P.O.Box 779.
Whistler BC, VON 1BO. Tel.: (604) 932-3338

Durlacher Hof: Bed-&-Breakfast-Pension unter österreichischer Leitung. Doppelzimmer ab 95 Dollar pro Nacht.
7055 Nesters Road, Box 1125.
Whistler BC, V0N 1B0. Tel.: (604) 932-1924

RESTAURANTS

Whistler bietet alles an Restaurants, was ein internationaler Skiort der Spitzenklasse auf der Pfanne haben muß. Von exklusiver französischer Küche bis zum simplen Hamburger. Nahezu alle Restaurants akzeptieren Kreditkarten und liegen im Village, wo es keine spezifischen Straßenadressen gibt.

Frühstück

Nasty Jack's: Superfrühstück ab 7 Uhr. Mittags gut für Burgers, Pizza und Pasta.
Tel.: (604) 932-3531

Ambrosia's: phantastisches Frühstückbüfett zu moderaten Preisen.
In der Nancy Green Lodge. Tel.: (604) 938-1921

Pistenlunch

Nahezu alle Restaurants bieten auch Mittagessen an. Wer mittags nur einen schnellen Happen braucht und dem Schnee nahe bleiben will, geht zu:

Christine's: der Lunch-Treff am Gipfel des Blackcomb Mountain! Gute Burger und Sandwiche, aber auch Gerichte wie Schnecken mit sonnengetrockneten Tomaten.

Cafe Presto: kreative Lunchgerichte an der Talstation der Gondel.
Tel.: (604) 932-6009

Monk's: ideal für ein schnelles Mittagessen. An der Talstation des Wizard Lift.
Tel.: (604) 932-9677

Abendessen

Caminetto de Umberto: eines der erstklassigen italienischen Restaurants von Umberto Menghi, einem flamboyanten italienischen TV-Koch aus dem kanadischen Fernsehen. Reservierung empfehlenswert!
4242 Village Stroll. Tel.: (604) 932-4442

Rimrock Cafe and Oyster Bar: seit Jahren das beste Restaurant von Whistler – das sagen jedenfalls die Einheimischen. Erstklassiger Lachs aus British Columbia, dazu eine Weinkarte, die sich sehen lassen kann. Tisch reservieren! Liegt nicht im Village, sondern in der Highland Lodge, eine kurze Fahrt vom Dorf entfernt.
2101 Whistler Road. Tel.: (604) 932-5565

Jimmy D. Roadhouse: Steaks, Pasta und Hähnchen zu guten Preisen.
Gegenüber vom Fairways Hotel. Tel.: (604) 932-4451

Twigs: kanadische Küche. Außerdem exzellentes Frühstücksbüfett. Im Delta Hotel. Reservieren.
4050 Whistler Way. Tel.: (604) 932-1982

Wildflower Cafe: erstklassige europäische Küche in intimer Atmosphäre. Auch das Frühstück ist empfehlenswert. Tisch reservieren!
Im Chateau Whistler. Tel.: (604) 938-2033

Sushi Village: intime Sushi-Bar für Freunde rohen Fisches.
4272 Mountain Square. Westbrook Building.
Tel.: (604) 932-3330

APRÈS-SKI UND NIGHTLIFE

Im Gegensatz etwa zu den Skigebieten Utahs oder zu Jackson Hole ist Whistler ein guter Urlaubsort für Singles. Die Treffs für erste Cocktails und Nachos, wenn die Lifte schließen, heißen **Longhorn Pub** (an der Talstation der Gondel in Whistler Village) und **Merlin's** (Blackcomb).

Gut zum Anbandeln eignet sich auch **Citta**, im Zentrum von Whistler Village.

Live-Rock'n'Roll kann man an fast jedem Abend der Woche bei **Buffalo Bills** in der Timberline Lodge hören. Ab 22 Uhr geht's hier rund.

Tommy's Africa (4220 Gateway Drive. Tel.: 932-6090) ist *der* Tanzschuppen für die jüngere Crowd. Tropische Sounds und Drinks!

Viel Tanz und Disco-Action findet man außerdem im **Savage Beagle** (4316 Skier's Approach, Whistler. Tel.: 932-4540). Wer's ruhig und gepflegt mag, geht in die Pianobars des Ortes: **The Mallard Bar** im Chateau Whistler, **Planter's Lounge** oder in die **Nancy Greene's Piano Bar**.

WIE MAN HINKOMMT

Flug nach Vancouver. Reizvoll ist die 120 Kilometer lange Anfahrt Richtung Norden mit dem Zug. Für den Trip vom Flughafen zur Eisenbahnstation braucht man allerdings ein Taxi. Der Zug verläßt Vancouver um sieben Uhr morgens und ist um 9.20 Uhr in Whistler. British Columbia Rail. Tel.: (604) 984-5231. Zwölf kanadische Dollar kostet die einfache Fahrt.

Wer mit dem Bus direkt vom Flughafen nach Whistler fahren will, kann das mit der Gesellschaft Perimeter Transportations dreimal täglich, an Wochenenden viermal täglich tun. Tel.: (604) 261-2299. Preis 24 kanadische Dollar für die einfache Fahrt.

Seien Sie großzügig mit der Zeit bei Ankunft und Abflug in Vancouver. Sie müssen durch den Zoll!

Wer ein Auto mieten will, tut das am Flughafen in Vancouver. Die Fahrt nach Whistler ist ein echtes Abenteuer. Der Highway 99 führt durch eine atemberaubende fjordartige Landschaft am Howe-Sund entlang. An klaren Tagen ein phantastisches Erlebnis. Die Fahrt dauert etwa $1^1/_2$ Stunden.

HELI-SKIING

Für viele ernsthafte Skifahrer ist es die Krönung des Sports. Und keine Erfahrung ist auch nur entfernt vergleichbar. Wenn der Schatten des Helikopters über die weißen Schneefelder gleitet und der schwarzblaue Himmel über der Glaskuppel des Choppers strahlt, dann steigen Pulsschlag und Adrenalinpegel. Nicht nur in Erwartung unberührter Tiefschneeabfahrten, sondern auch, weil man im Helikopter eine Karte mit Sicherheitstips ausgehändigt bekommt, die sich etwa so liest: »Wenn die Lawine Sie erwischt, machen Sie auf dem Rücken liegend Schwimmbewegungen. Versuchen Sie an der Oberfläche zu bleiben, und arbeiten Sie sich zum Rand der Lawine vor. Wenn die Lawine zum Halten kommt, nehmen Sie Ihre Arme vors Gesicht und schaffen Sie eine Lufttasche. Bleiben Sie ruhig, Ihr Führer wird Sie finden.« Beruhigend, nicht wahr?

Doch all die Angst ist vergessen, wenn die Kabinentür aufspringt, man sich in den Schnee kauert, der Rotor des Choppers Schneeflocken aufwirbelt und wieder abdreht. Das Motorengeräusch wird immer leiser, bis in der immensen Stille der Berge nur noch der eigene Atem zu hören ist. Der Augenblick des ersten Schwunges ist der Beginn eines Rausches, den man nie wieder vergißt. Cariboo, Monashees, Selkirk und Purcell sind die magischen Worte des Helikopter-Skilaufs. Bergketten im Osten British Columbias, die seit Mitte der 60er Jahre erschlossen wurden und heute die Krönung eines jeden Skifahrerlebens sind. Wer das Geld hat und mehrere tausend Mark hinblättern kann, bekommt Zugang zu diesem heiligen Skifahrergral in Kanada. Nichts ist vergleichbar. Helikopter-Skilauf ist der ultimative Weiße Rausch.

Wer sich auf so ein Abenteuer einlassen will, muß wissen, daß er in sogenannten »Lodges« wohnt, die völlig abgeschieden in der Wildnis nur für Heli-Urlauber gebaut wurden. In den meisten Fällen bieten sie jedoch fast jeden Luxus – von Whirlpools über Saunen bis zum voll ausgestatteten Skishop. In manchen Fällen steht nach einem harten Skitag sogar der hauseigene Massagetherapeut zur Verfügung.

Das Terrain, daß einen erwartet, sind weite, offene

Ein Schnee-Abenteuer, das seinesgleichen sucht: mit dem Helikopter ins weiße Gold.

Hänge über der Baumgrenze und Skilauf zwischen den Bäumen, wie man es aus den guten Skifilmen von Willy Bogner kennt. Je nach Gelände bewältigt man bei einer Abfahrt zwischen 500 und 2 000 Höhenmeter. Eine erstklassige körperliche Konstitution ist deshalb mindestens so wichtig wie ordentliche Fahrtechnik. Denn da Tiefschneefahren sehr viel anstrengender ist als eine Abfahrt auf der gewalzten Piste – ganz zu schweigen vom Aufstehen nach einem Sturz –, wird selbst der beste Skifahrer keinen Spaß haben, wenn ihm hier draußen in der Wildnis ständig die Luft ausgeht.

Wer rote und schwarze Pisten ohne große Mühe bewältigt, aber kaum oder keine Tiefschnee-Erfahrung hat, muß vor dem großen Heli-Abenteuer dennoch nicht zurückschrecken. Da der Schnee der Rockies sehr viel leichter zu bewegen ist, lernt man die notwendige Technik während der ersten Abfahrten recht schnell.

Die meisten Heli-Ausstatter liefern entsprechende Tiefschneeskier gleich mit, denn extrem taillierte Slalomski, wie man sie auf der Piste fährt, sind zu steif und zu schmal in der Schaufel. Das Resultat: Der Auftrieb ist zu gering. Besonders in tiefem Pulverschnee, der keine Unterlage hat, ist das unangenehm, denn man sinkt wie beim Wasserskifahren unweigerlich ein. In den vergangenen Jahren sind sogenannte »Fat Skis« zunehmend populär geworden. Für Tiefschneeanfänger sind sie der einfachste Weg zum Erfolg.

Mono-Skifahrer sind bei nahezu allen Heli-Ausstattern willkommen. Snowboarder hingegen werden aus logistischen und aus Sicherheitsgründen in Skigruppen nicht akzeptiert. Die großen Heli-Ski-Veranstalter haben jedoch spezielle Wochen reserviert, in denen zwei von vier Gruppen nur aus Snowboardern bestehen. Canadian Mountain Helicopters (CMH) bietet in jeder Saison zudem eine reine Frauenwoche an.

Helikopter-Skilauf ist teuer. In erster Linie, weil der Betrieb der Helikopter viel Geld kostet. Für einen einwöchigen Trip in der Hauptsaison (später Januar bis Mitte März) muß man bei einer Doppelbelegung des Doppelzimmers etwa 4 700 kanadische Dollar pro Person rechnen. In der Nebensaison (Dezember bis Mitte Januar und ab Mitte April) kostet dasselbe Paket etwa 3 000 bis 3 500 kanadische Dollar. Hinzu kommt der Flug über den Atlantik.

Ein solches Wochenpaket beinhaltet den Transfer vom nächstliegenden Flughafen zur Lodge, alle Mahlzeiten dort, sechseinhalb Tage Heli-Skiing, Benutzung der Skiausrüstung und der Lawinen-Beeper.

Im Preis inbegriffen sind in der Regel 30 500 Höhenmeter Skilauf – eine recht enge Bemessung, denn in einer guten Woche kann man spielend 60 000 bis 70 000 Höhenmeter bewältigen. Bei einem Preis von 45 kanadischen Dollar für jede zusätzlichen 1 000 Höhenmeter kommt da schnell eine erkleckliche Summe zusammen.

Welcher Monat sich für einen Heli-Trip am besten eignet, ist schwer zu sagen. Die Monate Dezember, Janur bis Mitte Februar bergen im Schnitt ein höheres Risiko von Schneestürmen, die einen an die Hütte fesseln, als zum Beispiel der Monat März. Eine schlechte Woche kann man aber auch im März erleben.

Ist Heli-Skifahren gefährlich? Die Statistiken stützen diese Vermutung nicht. Die Heli-Anbieter in Kanada werden allesamt staatlich überwacht, und der technische Zustand der Helikopter ist erstklassig. Natürlich aber birgt die Wildnis Gefahren, die unkalkulierbar sind. Statistisch gesehen jedoch ist die Wahrscheinlichkeit, daß man beim Skifahren abseits der Pisten in den Alpen stirbt, sehr viel größer als beim Heli-Skilauf in den kanadischen Rockies. Wer sich wirklich ernsthaft verletzen sollte, hat außerdem immer die Sicherheit, daß ein Helikopter zur Bergung ständig zur Stelle ist.

Wer sich unsicher ist, ob er am Helikopter-Skilauf wirklich Gefallen findet (schwer vorzustellen), und sich nicht für eine ganze Woche verpflichten will, der kann in einigen großen US-Gebieten auch Tagestrips in die Schneewildnis der Rockies buchen. Der Vorteil: Man sucht sich die wirklich schönen Tage für einen Heli-Trip aus. Denn eines ist klar, eine Woche in der Abgeschiedenheit der kanadischen Rockies ist immer ein Glücksspiel – ein ziemlich teures allemal. Denn eignen sich die Wetterverhältnisse nicht für den Flug, sitzt man unweigerlich fest. Die extrem gut ausgebildeten Führer machen da keine Kompromisse.

Wer einen Heli-Trip während eines Urlaubs in einem regulären Skigebiet plant, sollte das örtliche Unternehmen spätestens am Tag der Ankunft kontakten, möglichst schon vorher. Wer wartet, bis der Schneesturm vorbei ist und ein halber Meter Neuschnee liegt, der wird mit einer Buchung wenig Glück haben. Die Nachfrage an solchen Tagen ist groß. Und es müssen nicht unbedingt diese Tage nach dem Schneesturm sein. Ich habe bei Trips mit Colorado Heli-Ski selbst nach einer Woche ohne Schneefall traumhaften Pulverschnee erlebt. Gute Heli-Guides wissen ganz einfach, wie man immer neue unberührte Flecken findet.

ADRESSEN

Canadian Mountain Holidays fliegen in die Bugaboos, Cariboos, Bobbie Burns, Revelstoke, Monashees, Valemount, Gothics, Galena und Adamants. Saison: Mitte Dezember bis Anfang Mai. Preise ab 2 430 kanadische Dollar für sieben Tage. Inclusive sieben Übernachtungen, Mahlzeiten. 30 500 Höhenmeter, Führer, Transport von und nach Calgary sowie Skiausrüstung. Jede zusätzlichen 1 000 Meter kosten 42.50 Dollar.
217 Bear St. / P.O. Box 1660
Banff, Alberta TOL OCO
Tel.: (403) 762-7100

Mike Wiegele Helicopter Skiing fliegt in den Cariboos und Monashees in einem Radius von 80 Kilometer. Von 2 500 bis 4 495 kanadische Dollar für sieben Tage. Preis beinhaltet auch den Charterbus vom Flughafen Kamloops nach Blue River. In den Bergen fallen 12 bis 15 Meter Schnee pro Saison. An 70 Prozent aller Tage sind die Schneebedingungen exzellent.
Box 249
Banff, Alberta TOL OCO
Tel.: (403) 762-5548

Purcell Helicopter Skiing fliegt in den Purcell Mountains, der Dogtooth Range westlich von Golden und nördlich der Bugaboos. Außerdem Bobbie Burns, McMurdo, Spillimacheen und Battle Range. Saison: Anfang Dezember bis Ende Mai. Preise von 3 180 bis 3 675

Dollar für sieben Tage. Golden, B.C. liegt 128 Kilometer westlich von Banff.
Box 1530
Golden, British Columbia VOA 1HO
Tel.: (604) 344-5410

R K Heli-ski Panorama Inc. fliegen in den Purcell Mountains. Saison von Dezember bis April. Eine Woche ab 3 500 kanadische Dollar, inclusive Transfer, Übernachtungen, Mahlzeiten und 33 000 Höhenmeter. Nächster Flughafen Cranbrook.
Hal-Bavin, Heli-Plex
Box 695
Invermer, British Columbia VOA 1HO
Tel.: (604) 342-3889

Selkirk Tangiers Heli-skiing fliegt in den Bergketten von Selkirk und Monashees. Saison: Anfang Januar bis Anfang April. Ab 3 500 kanadische Dollar für sieben Tage, inclusive Unterbringung, Mahlzeiten, Ski und 35 000 Höhenmeter. Zusätzliche Höhenmeter kosten 45 Dollar à 1 000 Meter.
Box 1409
Golden, British Columbia VOA 1HO
Tel.: (604) 344-5016

Kootenay Helicopter Skiing fliegen in den Bergketten von Selkirk und Monashees. Saison vom 31. Dezember bis Mitte April. Sieben-Tage-Paket ab 3 500 kanadische Dollar. Nächster internationaler Flughafen: Spokane, Washington und Castlegar, British Columbia.
P.O. Box 717
Nakusp, British Columbia VOG 1RO
Tel.: (604) 265-3121

HELIKOPTER-OUTFITS IN REGULÄREN SKIGEBIETEN

Kanada:

Tyax Heli-skiing
Whistler, BC
Tel.: (604) 932-7007

Whistler Heli-skiing
Whistler, BC
Tel.: (604) 932-4105

Mountain Heli-sports Inc.
Whistler, BC
Tel.: (604) 932-2070

Nordamerika:

Colorado Heli-Skiing
P.O. Box 64, Frisco, CO 80443.
Fliegen im Summit County.

High Mountains Helicopter Skiing
Saison Mitte Dezember bis Mitte April. 395 Dollar pro Tag.
P.O. Box 173
Teton Village, WYOMING 83025.
Tel.: (307) 733-3274

Sun Valley Heli Ski
Ein Tag mit fünf Flügen kostet 385 Dollar.
Sawtooth Nationalwald
P.O. Box 978, Sun Valley, IDAHO 83353.
Tel.: (208) 622-3108

Telluride Heltrax
P.O. Box 1560
Telluride, COLORADO, 81435
Tel.: (303) 728-4904
San Juan und Uncompaghre Nationalwald

Wasatch Powderbird Guides
P.O. Box 57
Snowbird, UTAH 84092
Tel.: (801) 742-2800
Wasatch und Uinta Nationalwald

ANHANG

Wie man's anpackt

Es gibt eine ganze Reihe deutscher Reiseveranstalter, die komplette Skireisen in die USA anbieten. Doch so reizvolle Gebiete wie Telluride oder Deer Valley zum Beispiel gibt es bislang in noch keinem Pauschalangebot. Wer englisch spricht, kann sich alles direkt vor Ort selbst buchen. Amerikaner sind extrem hilfsbereit! Wer anruft, darf allerdings den Zeitunterschied nicht vergessen. Colorado, Utah, New Mexico, Wyoming liegen acht Stunden zurück, Kalifornien und die kanadischen Gebiete an der Westküste neun Stunden. Wenn es in Deutschland also zehn Uhr morgens ist, ist es in Aspen gerade mal zwei Uhr in der Nacht.

PRAKTISCHES

Ausrüstung leihen: Wer seine eigenen Ski nicht mitbringen will, kann komplette Ausrüstungen vor Ort mieten. Dabei handelt es sich nicht um ausgelatschte Bretter, sondern um neue Ski, die in bestem Zustand sind. Eine gute Skiausrüstung für Fortgeschrittene, inclusive Stiefel und Stöcke, kostet im Schnitt etwa 25 Dollar pro Tag.

Telefonieren: Alle Telefonnummern in diesem Führer sind mit der Vorwahl dem sogenannten Area Code angegeben. Wer aus Europa anruft, muß nur die entsprechende internationale Vorwahl davorsetzen. Aus Deutschland ist das die 001. In Amerika wählt man in einen anderen Bundesstaat, indem man vor dem Area Code eine 1 wählt. In den Orten selbst läßt man den Area Code (das ist die dreistellige Nummer in Klammern) einfach weg. Wer aus Hotels anruft, muß normalerweise eine 8 oder 9 wählen, um ein Freizeichen zu bekommen.

Skischulen: Amerikas Skigebiete haben erstklassige Skischulen, viele wurden von Europäern aufgebaut. Die Qualität des Unterrichts ist sehr gut, die Stimmung ist immer locker. Das liegt im Naturell der Amerikaner. In den letzten Jahren gibt es zunehmend Spezial-Programme für alle Bedürfnisse. Zum Beispiel reine Frauenkurse, Buckelpisten-Workshops, Behinderten-Skikurse etc. Die Kinder-Skischulen in Amerika sind allesamt vorbildlich, Amerikaner lieben Kids. Nirgendwo kann man das Skifahren spielerischer lernen.

Visum: Braucht der Urlauber aus Deutschland heute nicht mehr.

REISEANBIETER

AAA Anglo-American Reisebüro GmbH
Vidumstr. 2, 49492 Westerkappeln
Tel.: 05404/96080, Fax: 05404/960811

ADAC Reise GmbH
Am Westpark 8, 81373 München
Tel.: 089/7676, Fax: 089/7676-6175

Aeroski Reisen, Dr. Erben GmbH
Im Banngarten 15, 61273 Wehrheim
Tel.: 06081/2082, Fax: 06081/2086

Airtours International
Adalbertstr. 44–48, 60486 Frankfurt
Tel.: 069/7928-1, Fax: 069/7928-605

Arktis Reisen, Schehle GmbH
Bahnhofstr. 13, 87435 Kempten
Tel.: 0831/5215944, Fax: 0831/5215933

A.S.A. Tours
Justus-Liebig-Str. 32B, 64839 Münster
Tel.: 06071/33101, Fax: 06071/38900

Canada Reise Dienst, CRD International
Rathausplatz 2, 22926 Ahrensburg
Tel.: 04102/51167, Fax: 04102/31713

Canusa Touristik GmbH
Uhlenhorster Weg 21, 22085 Hamburg
Tel.: 040/225868, Fax: 040/2205545

Cosmopolit-Reisen, Erdmann
Herrenstr. 88, 50170 Kerpen
Tel.: 02273/54391, Fax: 02273/57612

Flugbörse
Gaiglstr. 10, 80335 München
Tel.: 089/121512-0, Fax: 089/121512-20

Haski Adventure Tours GmbH
Bergstr. 8, 58710 Menden
Tel.: 02373/81144, Fax: 02373/81140

Inter Air, Voss-Reisen GmbH
Triftstr. 28–30, 60528 Frankfurt
Tel.: 069/96767-0, Fax: 069/96767-100

Meier's Weltreisen
Parsevalstr. 7b, 40468 Düsseldorf
Tel.: 0211/9078-01, Fax: 0211/9078-345

Mike's Ski- und Sporttours
Rohrackerstr. 230, 70329 Stuttgart
Tel.: 0711/424330, Fax: 0711/428000

Natur & Wildnis Reise GmbH
Daimlerstr. 3, 71282 Hemmingen
Tel.: 07150/8883, Fax: 07150/81976

Nova Reisen
Herzog-Wilhelm-Str. 1, 80331 München
Tel.: 089/23708-0, Fax: 089/23708-733

Pfeifer Touristik GmbH
Weinbergstr. 20, 61440 Oberursel
Tel.: 06172/301061, Fax: 06172/22627

Pioneer-Erlebnisreisen GmbH
Steubenstr. 7, 72373 Hechingen
Tel.: 07471/6962, Fax: 07471/13553

Scholz Canada Tours
Danziger Str. 47c, 53757 St. Augustin
Tel.: 02241/28787, Fax: 02241/2713

Stumböck Club
Färberstr. 9, 83013 Rosenheim
Tel.: 08031/14033, Fax: 08031/17739

FOTONACHWEIS

Aspen Skiing Co./ Hal Williams (S. 19, 21)
Aspen Skiing Co./ Andrea Booher (S. 36)
Crested Butte Mtn. Resort/ Tom Stillo (S. 39, 40)
Steamboat Powder Cats (S. 51)
Telluride Ski Resort/ T.R. Youngstrom (S. 61, 62, 68)
Beaver Creek Photo/ Jack Affleck (S. 71)
Ski the Summit/ Ben Blankenburg (S. 81, 92)
Ski the Summit/ Carl Scofield (S. 85)
USSTTA (S. 103, 104, 126)
Squaw Valley Ski Corp. (S. 124)
Mammoth Mountain/ John Dittli (S. 131)
Taos Ski Valley Inc./ Ken Gallard (S. 143)
Park City Ski Corp./ Lori Adamski-Peek (S. 155, 161)
Deer Valley Resort (S. 170)
Snowbird (S. 175)
Alta (S. 179)
Jackson Hole (S. 185)
Whistler Resort Ass./ David Stoecklin (S. 199)

Leider konnten nicht alle Bildrechte-Inhaber ermittelt werden. Berechtigte Honoraransprüche werden selbstverständlich abgegolten.

Holger Hoetzel

Route 66

Straße der Sehnsucht

208 Seiten, 90 farbige und
45 einfarbige Abbildungen, gebunden

2448 Meilen quer durch das Herz der USA – auf der Harley-Davidson nach Westen. Eine phantastische Reise zu den Ursprüngen des amerikanischen Traums. Holger Hoetzels stimmungsvolle Bildreportage erzählt die wechselvolle Geschichte des alten Highways, der »mother road«, der Straße aller Straßen.

Ullstein